Luis Miguel Martínez Otero

# Los Illuminati

*La trama y el complot*

EDICIONES OBELISCO

Si este libro le ha interesado y desea que le mantengamos informado de nuestras publicaciones, escríbanos indicándonos qué temas son de su interés (Astrología, Autoayuda, Ciencias Ocultas, Artes Marciales, Naturismo, Espiritualidad, Tradición...) y gustosamente le complaceremos.

Puede consultar nuestro catálogo en www.edicionesobelisco.com

**Colección Estudios y Documentos**
LOS ILLUMINATI
*Luis Miguel Martínez Otero*


1ª edición: Septiembre de 2004
2ª edición: Octubre de 2004
3ª edición: Noviembre de 2004
4ª edición: Noviembre de 2004

Maquetación: *Marta Rovira*
Diseño de cubierta: *Mònica Gil Rosón*


© 2004, Luís Miguel Martínez Otero
(Reservados todos los derechos)
© 2004, Ediciones Obelisco, S.L
(Reservados los derechos para la presente edición)


Edita: Ediciones Obelisco S.L.
Pere IV, 78 (Edif. Pedro IV) 3ª planta 5ª puerta.
08005 Barcelona-España
Tel. 93 309 85 25 - Fax 93 309 85 23
Castillo, 540 -1414 Buenos Aires (Argentina)
Tel y Fax 541 14 771 43 82
E-mail: obelisco@edicionesobelisco.com


ISBN: 84-9777-128-1
Depósito Legal: B-43.795-2004

*Printed in Spain*


Impreso en España en los talleres gráficos de Romanyà Valls S.A.
Verdaguer, 1 – 08076 Capellades (Barcelona)

*A Sara*

# Ángeles y demonios

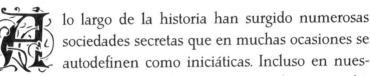

A lo largo de la historia han surgido numerosas sociedades secretas que en muchas ocasiones se autodefinen como iniciáticas. Incluso en nuestros días preñados de racionalismo, nacen muchas con ambiciosas y secretas pretensiones de dominar el mundo, o al menos sus principales acontecimientos. Quieren jugar en el damero el papel inductor de eventos que sus acólitos desarrollan. No es por tanto un fenómeno nuevo, pues la lista es extensa y abarca propuestas de todo género.

Algunas de estas sociedades han pasado ya a formar parte de una nada apreciable galería de monstruosidades. Desde los célebres asesinos del Viejo de la Montaña hasta la P2, *«sus raíces infiltran todo cuanto se ve... hasta la sagrada fortaleza* [el Vaticano] *de su mayor enemigo jurado».*[1] Por otro lado, buena parte de las sociedades de este pelaje que se han creado en los últimos años, airean –lo que es una buena contradicción– linajes encadenados casi hasta la noche de los tiem-

---

1. cfr. Dan Brown, *Angels and Demons*, ed. Corgi Books 2001, p. 30: *«Deeper underground than ever before. Our roots infiltrate everything you see...even the sacred fortress of our most sworn enemy».*

pos o incluso sagrados, como tuvimos ocasión de comprobar con el Priorato de Sión.[2]

Conspiranoicos[3] de todo tipo se confabulan así para obtener los más increíbles y fantásticos objetivos. Y generalmente el más preciado, además del control del mundo, es la infiltración en el Vaticano.

Siendo el Vaticano una diana de primera importancia, la diferencia es que muchos quieren infiltrarse en él, y el Vaticano, ni hoy ni ayer, no puede ni quiere infiltrar sino al Espíritu Santo. Ya sabemos que para Leon Bloy había, para el futuro, dos opciones que temía por igual: los cosacos, y el Espíritu Santo. Mientras algo último nos alcanza, la Iglesia perdura, dejando a la derecha y a la izquierda de su camino a unos o a otros *illuminati*. No mira para atrás... lo que es –parece– pretensión intolerable, pecado imperdonable.

Cierto, la Iglesia Católica tiene 18 o 19 siglos de existencia, y habrá cometido largo más de 18 o 19 errores. Aun considerando el más grave de todos, sea cual fuere (la Inquisición, el hecho mismo del Vaticano según algunos, o el proceso de Galileo, con perdón por contarlo entre los errores graves, etc.,) una conclusión se impone: la Iglesia se sobrepone tranquilamente a cualquiera fallo, a cualquier ataque, a cualquier conspiración, como si tuviera garantizada su perennidad.

---

2.  cfr. *El Priorato de Sión. Los que están detrás*. Ediciones Obelisco, Barcelona 2004.

3.  Término acuñado, creemos, por nuestro excelente amigo Enrique de Vicente, en su revista *Año Cero*.

Al menos el Occidente ex-cristiano no parece tener garantizado tanto. De momento lo vemos cansado, en letargo, en dejación, sin valores, no vivificado por nada sino sumido en un sueño profundo por lo que se refiere al Espíritu. Contemplar con ojos despiertos la sociedad actual y los *valores* ciudadanos que difunde, da náuseas. Sobre todo está permitido, vemos aconsejado, es modelo al que sumarse, aquello que nunca estuvo permitido. Nada nos sobreviene de lo alto: el hombre y la opinión pública son el lugar común de todas las cosas. Nos gobierna lo bajo; lo muy bajo. Los árabes con sus valores religiosos, y los asiáticos con su apetito, se nos van a comer de una tarascada.

Nuestro trabajo va de hechos históricos, de sus secuelas, de las interpretaciones inevitablemente interesadas. Va sobre la desinformación que nos rodea por todas partes, sobre el ruido de maquinaciones y conjuras... Normalmente son sin efectos, pese a lo que prediquen los *conspiranoicos* que las ven por todas partes. La caída moral de la Europa de nuestros abuelos sólo se debe a nuestra insondable estupidez; a la emasculación con la que nos hemos emasculado. Va sobre la contra iniciación.

El problema que se presenta es saber a qué nivel se desarrollan los acontecimientos mundiales. Constituyendo éstos una trama y una urdimbre, saber el hilo y saber quién lo ha tejido.

Hay diversos modos de contemplarlo y diversos márgenes que podríamos ocupar. Percibir, por ejemplo, si el hombre es el gestor de la *sabiduría* que gobierna su futuro, o si es solamente su guardián. Cuestión retórica hoy por hoy, en tiempos en los que el hombre no se subordina a nada. Será entonces su gestor. La sabiduría se deducirá del hombre como de fuente, y se dirigirá al hombre del futuro; y ese hombre del mañana será el *punto omega* al que se tiende naturalmente –por evolución y filogénesis– en un movimiento de progreso indefinido y de *lendemains qui chantent*. Poniéndose este gestor de sí mismo en un plan «espiritualista», y admitiendo para sí como un «algo más», podría aceptar, sin retocarlo, el pensamiento kantiano del XVIII: «*existe el mundo que experimentamos y algo más por detrás, algo en cuya relación el mundo, tal como lo experimentamos, es una construcción o un producto de nuestra mente*». Pensamiento budista si los hay, sólo útil –acaso– para chamanes y psicoanalistas.

Pero creemos que el hombre es sólo el guardián de aquella *sabiduría*. No es él mismo el destino que le espera; sino sólo guardián de su destino.

Este segundo párrafo nos podría ayudar a resolver el primero. Si la *sabiduría* es un ente de razón propio del hombre, y si toda doctrina es humana, nada impide que sea el hombre el director de los sucesos; se encontrará él mismo tras ellos de modo opresivo o providente. Pero el hombre es un lobo para el hombre. Se explica perfectamente las barbaridades indecibles del siglo XX, y quizás la peor de todas: la increíble cerrazón de las mentes hacia lo divino; el eclipse de Dios en los pasos de la vida.

Todo ello con referencia a la Sabiduría, no puede evitar una palabra sobre la Ciencia. Ambas, sabiduría y ciencia, buscan conocer, en último término, quiénes somos y a dónde vamos. En este empeño han colaborado la una con la otra, y sobre todo se han perseguido con saña. Reflexión hecha, eso de que ambas buscan conocer lo mismo, no es verdad. Lo es para la Ciencia, pero malamente la Religión podrá buscar conocer lo que ya sabe: de dónde venimos, y a dónde vamos.

No hay ni la más mínima relación, ni de los *Iluminados* ni de los *Illuminati* (a no confundir), con la ciencia: los iluminados nunca fueron científicos.[4] Con la Iglesia hay una relación inicialmente no crítica, que con los primeros sucesores se vuelve antipapista; con los de Baviera, acaba por transformarse casi en su único objetivo: además de derrocar el altar, quieren derrocar el trono.

Ahora estamos en la introducción y nos permitimos algunas libertades. Podemos decir, aun a costa de contradecirnos cuando nos venga bien, que los *Illuminati* ocupan en la historia masónica y en la bibliografía al respecto, una plaza ridícula y como ninguna. Y no se trata de *ninguneo* ni de un complot para hacerles el vacío, sino del lugar correspondiente a su verdadero peso. Ellos estuvieron ahí, pero las logias se los sacudieron como a pulgas...

Todo ello, que ahora sólo mentamos, pero que atañe al contenido del presente trabajo, requeriría largos desarrollos. Si de la *Sabiduría* el hombre es sólo su *guardián* como Adán en el Paraíso, y si la Sabiduría y sus falsificaciones le vienen de otros niveles, ángeles y demonios, de lo muy alto y de lo bajo (de un «muy alto» que no es la conciencia ética de Menganito, y de un «muy, muy bajo» que no son sus instintos ni su sub-

---

4. Galileo Galilei (1564-1642), no fue un iluminado; ni siquiera tuvo ocasión para serlo. La llegada de estos movimientos a Italia, provenientes de los *alumbrados* de España, vía Francia y vía Alemania, es más tardía. Muchísimo menos Leonardo Da Vinci (1452-1519), o si se quiere, fue tan iluminado como fue Maestre del Priorato de Sión...

consciente –hablamos de otra cosa), entonces los acontecimientos y la marcha de la Historia quizás reflejen otros sucesos que se celebran de distinto modo a los habituales.

Distinto modo, ángeles y demonios. Quizás la batalla transcurre en otro lugar, pero las peripecias se reflejan en nuestro mundo. La libertad y la autonomía del hombre no quedan en entredicho, sino que –nos atrevemos a decir–, nuestros actos soberanos se reflejan en otro lugar, ángeles y demonios, con dramáticas consecuencias para la Historia del hombre.

Entre los acontecimientos de más acuciante actualidad está la guerra del Irak, y el enfrentamiento entre el Islam y Occidente. No nos atrevemos a decir Islam/«*Cristiandad*» por inexistencia colectiva con personalidad propia y un papel geopolítico de este segundo término. «Islam/Occidente laico» es mucho más exacto.

# CAPÍTULO I
# Los precursores y su entorno

os primeros candidatos modernos a la conspiración por el control mundial (las tendencias conspirativas masónicas aparecerán más tarde) son, sin duda, los Iluminados de Baviera, a saber, su fundador Adam Weishaupt y el reducido núcleo del areópago que va a concitar junto a él. Sus fines los conocemos por el azar de una detención y de una pesquisa policial: la destrucción del cristianismo y la imposición de una dictadura universal; y, de paso, saciar su ambición política y revolucionaria de planetario apetito. Ello responde, de una manera sutil y *meta*histórica, a razones *meta*físicas y, en definitiva, a la lucha supraceleste entre ángeles y demonios. Sin embargo, el acontecimiento visible/invisible de los *Illuminati*, su pública manifestación, dura poco. Visto el peligro ideológico de sus presupuestos secretos (descubiertos por ese mismo azar), se suprime, por edicto del Elector de Baviera, Duque Karl Theodor, la Orden de los *Illuminati* el 22 de Junio de 1784. Lo veremos luego con más detalle. Se retiran forzosamente del foro, pero van dejando una estela cuya importancia varía según quien hable. Por un lado, se tratará de la supuesta latencia *sub rosa* de la Orden misma de los Iluminados (Orden que ha «resurgido» de sus cenizas en el pasado s. XX y en España); por otro lado, y más allá de toda descripción, se trata del triunfo de las ideas revolucionarias, libertarias e internacionalistas de las que el Sr. Weishaupt aparece como anticipador.

Hablamos de una estela *internacionalista*. Es un anacronismo: los *Illuminati* del XVIII decían *cosmopolitas*, lo que tanto monta. En pura sinécdoque significa *mundial*, referido tanto y primero al socialismo y comunismo, como al liberalismo puro de lo que ahora llamamos globalización. Aquella estela se divide en las dos corrientes inconciliables que quieren apoderarse de todo: el Padre Lenin y el Tío Sam; y también Oriente contra Occidente. Y en medio estamos los de siempre. La confusión es siempre lo propio de estas sociedades que pretenden administrar tanto los negocios como las conciencias.

Vamos a ver los precursores a cuya vista concluiremos que, contradictoriamente, nada o muy poco tienen que ver con los *Illuminati* (sino su evidente originalidad), esos anarquistas predicadores y grandes conspiradores de un Nuevo Orden Mundial. Veamos primero el contexto que los rodea.

## La época

El s. XVII había sido el de la renovación de la escolástica (la *escolástica barroca*) en teología, el del método científico con Montaigne, Galileo, Bacon y Descartes, y –por lo que aquí más nos importa– el de los estudios herméticos, del neoplatonismo, de los iluminismos en religión, de la cábala judía y cristiana, del Espíritu Universal. La Alquimia ya ha conocido entonces su apogeo, y se asocia ahora con la cábala y la teosofía. Una figura egregia en los terrenos en que nos movemos es el jesuita Athanasius Kircher, famoso autor del *Mundus subterraneus*, cuya obra científica, como al margen, es considerable, aunque de hacer alguna referencia sería para su *Polygraphia nova et universalis* que publicó en Roma en 1663. Buscó un lenguaje universal mezcla de latín, italiano, español, francés y alemán, defendiendo al mismo tiempo los lenguajes jeroglíficos, criptográficos y esteganográficos, que, con los jeroglíficos del Renacimiento, tanto juego han dado al servicio de las artes herméticas y de la transmisión de noticias y saberes. Las sociedades secretas, empezando por los *Illuminati*,[5] se sirvieron de todo ello.

El s. XVIII continúa el anterior en sus tendencias, al mismo tiempo que rompe con todas ellas. Contempla ciertamente todavía el espectáculo del derroche, del despotismo feudal, del favoritismo y de la ignorancia del bajo clero; en cambio su teosofía, decididamente cristiana y occidental, se decanta claramente por el campo protestante, por Renania contra Baviera (podríamos decir). Es sobre todo el siglo de la ilustración y el de las «luces», de la *aufklärung*, de la *haskaláh*, como si verdaderamente hubiera una ruptura de los siglos (¿y cómo pensar otra cosa?) y se abriera un nuevo amanecer. Es la Revolución francesa y son los nuevos aires, el tránsito entre la Edad Moderna y la contemporánea. Lo antiguo y clásico fuese y pasó, como si cada elemento de este *novus ordo*

---

5. En el mismo siglo XVII encontramos la obra de Comenio *Prodomus pansophiae* (1657), proponiendo una *panglotia* universal que cerniera como rango del saber el acercamiento *a priori* de los objetos.

*seclorum*[6] (inscrito en el mismo dólar) fuera de riguroso estreno. Nace el liberalismo económico, y es el siglo de la declaración de la Independencia de los Estados Unidos...

Lo de *aufklärung*, de *Lumières*, etc., para designar la mutación de los siglos XVIII y XIX, no son términos descriptivos, sino un préstamo del s. XVII entre los iluminados y los rosacruces. No debemos olvidar que llevan una carga emotiva que completa el racionalismo que aquellos parecen celebrar, con el aura espirita que éstos privilegiaban.

Pero también lo nuevo que va a nacer es, o se quiere, viejo. Ejemplo: la Masonería. Si con seriedad no cabe datarla sino de 1723,[7] se autoremontará míticamente hasta el bíblico Hiram Abiff, aunque lo sorprendente –o no sorprendente– es que la leyenda fuera totalmente ignorada por la masonería[8]...;

---

6.  El Gran sello de los EE.UU (que encontramos íntegro en el reverso del billete de 1 dólar, véase p. 109), fue aprobado por el Congreso en 1782, fecha del 18° centenario de la muerte de Virgilio. Dicho sello conmemora este aniversario (los Padres de la patria eran fervientes admiradores de los clásicos, y el Sr. C. Thomson, que diseñó el sello, profesor de latín), extrayendo de las obras virgilianas las célebres divisas. «*E pluribus unum*», proviene de su poema Moretum 103: *color est e pluribus unum*; « *Annuit coeptis*» de la Geórgica 1,40 : *audacibus annue coeptis*; y el «*novus ordo seclorum*» de la famosa IV Egloga, 4,5: *ultima Cumæi uenit jam carminis ætas / magnus ab integro sæclorum nascitur ordo.* Cierto, la divisa americana dice seclorum en lugar de *sæclorum*. Ambas formas parecen correctas. De igual modo la fórmula litúrgica *per in sæcula sæculorum* admite la forma *per in secula seculorum*, pero todo esto nos llevaría a consideraciones que aquí no son de lugar...
7.  Primeras Constituciones de Anderson.
8.  Se utiliza la leyenda de Hiram en diversos ritos, en la ceremonia de inciación al tercer Grado (el de Maestro).

se retrograda hasta la fábrica del Templo de Salomón, y cuando menos retrocede, se dirige a las supuestas agitaciones y rituales templarios, siendo evidente que la Orden del Temple tiene espaldas anchas como nadie.

Desde ahora mismo debemos dejar claro que la diferencia entre un *rito* y un *ritual* (puesto que va a ser cuestión de ellos), es que éste no es sino la expresión escrita de aquél.

La Masonería cultiva el secreto y el misterio, los hábitos ornados, los rituales, catecismos y los grados. Contra las «luces» que pretende traer al mundo (igualdad, fraternidad, filantropía) haciendo del sujeto un ciudadano libre, su lenguaje es tanto o más iniciático, mistagógico y simbólico.

No así los Iluminados de Baviera que son de riguroso estreno, y nada tan moderno. Como veremos... en su núcleo duro, se dirán socialistas antes de la letra. Con buena voluntad, acaso podríamos tipificar su ideario y propaganda de utopía pura, si el término no estuviera tintado de significados idealistas. Son –ese núcleo– crueles e inverecundos.

Más que por móviles humanistas que redorarán su blasón, su conceptor Weishaupt edita su invento por razones personales en las que cualquier aficionado al psicoanálisis (ese exótico arte del diván) entraría a saco. Lo hace sin base concreta, pues de irnos a los movimientos de su tiempo o del siglo anterior, los trastoca de cabo a rabo adoptando, como Jano, dos caras. Es su genio luciferino. Podemos hablar así de una obra *ex novo*, sin mandato, sin verdadera misión que se le imponga. No sólo sin decreto de lo alto, sin revelación, sin filiación trascendente o cadena iniciática surgida de un ordenamiento superior; pero aun sin mandato alguno de lo bajo... en lo que tiene toda la razón. Lo que importa –para que no importe–, es que sólo se trata del montaje que se inventa un personaje por sus propias razones. Pero es tanta la capacidad del hombre, que de sus dedos, así sean de la mano izquierda, pueden brotar asombrosas floraciones de prodigios. Las doctrinas weishauptianas, anarquistas y socio-comunistas, preludian los universos concentracionarios de otros que también, en los dos siglos siguientes, pusieron las manos en la masa.

La época inmediatamente prerrevolucionaria en la que se crea la Orden de los Iluminados de Baviera, o *Illuminati*, fue profundamente paradójica. El XVIII es un siglo de extraordinaria importancia del que –valga lo que valga– surge con mando y plaza la mentalidad moderna. Tiempo de Diderot y su Enciclopedia; de d'Alambert, Fichte, de Lessing, y, sobre todo, el siglo del insuperable Kant en filosofía; en ciencias, el de Lamarck y Laplace; y en puro humanismo, el de Goethe, Goya, Wateau, el de Mozart, Bach, Beethoven, Handel, Vivaldi y Haydn. En dicho siglo nace y muere Mosheh Hayim Luzzato, un prodigio de inteligencia.

Al margen de sus leyendas internas, la masonería especulativa se crea también en este mismo siglo XVIII. En él nace Bonaparte. Los jesuitas son expulsados de Portugal, Francia y sus dominios, de Nápoles, de España y sus dominios, de Sicilia y del ducado de Parma. El 14.VII.1789 se produce la toma de la Bastilla, y muchísimas cosas más propias de este ilustrado siglo, en las que no podemos entrar.

Es con plenitud de significado para lo que aquí nos interesa, pues en ellos han de inspirarse los Iluminados de Baviera, el momento de la expulsión de los jesuitas en 1767, y el de su disolución por Clemente XIV en 1773.[9] También nos parece que este siglo de libre pensamiento, racionalismo y cosmopolitismo, ve recular la influencia católica y prosperar el conjunto que genéricamente designamos como protestante.

Asistimos de este modo al triunfo de la razón frente a la religión; al de la naturaleza, «realidad» visible, frente al Dios invisible. Se publican periódicos, revistas, libros sobre todo tema, y la biblia de la época va a ser la Enciclopedia de Diderot,[10] que se opone a la religión cristiana. Voltaire proferirá su famoso eslogan (contra la Iglesia, salvo que fuere contra el Antiguo Régimen), *écrasez l'Infâme*. Igualdad, Libertad y Fraternidad. Sus ritos (pues nada humano sin el correspondiente ritualismo), serán los del templo masónico que se abre entre las dos columnas, con cátedra y *mundus*, en un suelo ajedrezado.

En los medios esotéricos, sectarios y en los filosóficos en los que nos vamos a desenvolver, el pensador de la época es partidario del pensamiento inmanente, con una proclividad clara hacia el panteísmo. Dios no es considerado «Persona», sino el despliegue de la naturaleza, el resplandor de las cosas, y Jesucristo es como mucho el fundador o inspirador de una religión que felizmente periclita. Ello es objeto de disputa contra los verdaderos cristianos, pero también contra los más *espirituales* que predican un deísmo difuso (y confuso), que perte-

---

9. En España serán nuevamente expulsados por la República en 1932...

10. Firmada primero por Diderot, se le sumaron para la tarea Voltaire, Buffon, Rousseau, Turgot y otros. Quería ser el compendio del conocimiento humano en la filosofía, en las ciencias y en las artes. Ya contaba con 36 volúmenes en 1780.

nece más plenamente a la *Aufklärung* germana.[11] Se privilegia la renovación del pensamiento relativo a la moral y a la religión, y se inicia el estudio «científico» de la Biblia.

También el dogma trinitario parece derivar a extrañas construcciones ciclológicas que, como todo lo humano, no van a estar absolutamente desprovistas de intuición. Es importante la amplitud que adquieren las especulaciones de Joaquín de Fiore. Divide la Historia del mundo en tres períodos: la Edad del Padre, desde la creación del Mundo hasta la Encarnación; la Edad de Hijo, desde la Encarnación hasta el impreciso presente decimonónico; la Edad del Espíritu Santo, el tercer y definitivo período que ahora mismo habitamos. Esta tripartición debe encajar muy bien con la estructura mental del hombre, pues se repite con más de una forma. En todo caso, de acuerdo con el cristianismo ortodoxo de Oriente y Occidente, las edades del mundo, sin importar cuál sea el criterio convencional para su división en períodos, han sido edades trinitarias.

En parecido sentido G.F. Lessing (1729-1781),[12] uno de los ápices principales de la *Aufklärung*, estima que todas las religiones son sólo etapas que conducen a otra religión más perfecta. Corrigiendo a De Fiore, tenemos las religiones paganas, cronológicamente superadas luego por la religión judía, más perfecta; a su vez, el judaísmo es superado por el

---

11. O «luces», «ilustración», etc. En Francia fueron las *Lumières* que produjeron la Revolución francesa.
12. Se han editado en España sus obras completas, con traducción, introducción y notas de Agustín Andreu: *Escritos filosóficos y teológicos*, de G.E. Lessing. Editorial Anthropos, Barcelona, 1990.

cristianismo, más perfecto aún; y, por fin, el cristianismo que será superado por otra religión nueva que vendrá después y que será ya la máxima perfección.

Todo ello constituye los fundamentos para un diagnóstico del presente. A cuyo efecto, alguien con sesera dijo que la *Aufklärung* –cuyos corolarios nos importan más que la Revolución francesa– es nuestro más actual pasado.

Igualmente la Sinagoga, ya ha finales del XVIII, se abría a las luces con el movimiento que posteriormente se ha designado como *Haskaláh* (hebreo, «cultura» «civilización», «ilustración», «inteligencia»). Conviene señalarlo, pues el mismo Weishaupt era judío; puesto que pronto los judíos ocuparán los proscenios políticos que podríamos decir apátridas, y puesto que todas las diásporas (judías, armenias, etc.) despiertan, en pura supervivencia, las más agudas vocaciones internacionalistas. Destacaremos el amigo y corresponsal de Lessing, el filósofo Moses Mendelssohn, uno de los sólidos pilares de la *Aufklärung* dentro de la sinagoga. Para éste, como para el pensamiento kantiano, *«existe el mundo que experimentamos y algo más por detrás, algo en cuya relación el mundo tal como lo experimentamos es una construcción o un producto de nuestra mente»,*[13] lo que ya hemos citado antes. Ello en cuanto a la filosofía o al pensamiento interno, pues, la *Haskaláh*, sobre todo, es el intento de modernización –con éxito– de un sector minoritario extraordinariamente importante dentro de la comunidad humana.

---

13. *«There is the world as we experience it plus something behind that, something in relation to which the world as we experience it is a construction or product of our minds»* – Brian Davies *An Introduction to the Philosophy of Religion*, Oxford University Press 1993.

Paradójicamente la *Haskaláh* supone una forma superior de integración y *asimilación*. Para los ortodoxos es precisamente el problema. La diáspora, el ghetto que genera, reunido todo en torno al sacrificador *kasher* (al carnicero), eleva un muro que protege de todo contagio cristiano al pueblo y a su Toráh. Se garantizaba la cohesión, mientras que la *Haskaláh* facilita la disolución en el todo. Los ghettos tienden a desaparecer, aunque sin nunca conseguirlo. Consiste, para los judíos, en la cultura laica que va a triunfar con la Revolución francesa.

El movimiento de la *Haskaláh* supone incluir en la educación de los niños las asignaturas profanas, siendo pronto obligatorias en el Imperio austro-húngaro; supone dominar la lengua del país, con deterioro substancial del yiddish o el ladino, esas *«lenguas del exilio y de la decadencia»*; paradójicamente, favoreciendo el estudio del acerbo propio, se incrementa el interés por el hebreo, que pronto habría de resucitar como lengua moderna. Porque surgirán el sionismo y la Nación de Israel.

## Iluminados y rosacruces

Se da el nombre de iluminados a esos hombres culpables que osaron, en nuestros días, concebir e incluso organizar en Alemania, por medio de la asociación más criminal, el espantoso proyecto de acabar en Europa con el Cristianismo y la soberanía. Pero también se da este mismo nombre a los virtuosos discípulos de Saint-Martin, que no sólo profesan el Cristianismo, sino que trabajan para elevarse a las más sublimes alturas de esta ley divina. Estarán de acuerdo, Señores, en que jamás ha ocurrido a los hombres caer en una mayor confusión de ideas.[14]

Joseph de Maistre

Es un abuso contar entre los precursores del Iluminismo a esenios, a maniqueos y al viejo gnosticismo, aunque no estaría tan descaminado con los dos últimos. Parece incluir el Iluminismo un ejercicio contemplativo, pero, salvo una especial atmósfera común, igualmente sería un abuso contar al hesicasmo[15] en la nómina de los iluminados. El hesicasmo es una forma de espiritualidad del monaquismo ortodoxo que surge en el Monte Athos en el s. XIII. Practican la invocación permanente del nombre de Jesús, conocida como oración del corazón.[16] Llegó al conocimiento público de Occidente en 1782 (pleno s. XVIII) con la publicación en Venecia de la *Filocalia*[17] (griego, *«amor de la belleza»*), sin que desde entonces hayan cesado las ediciones en todos los países. Se trata de la compilación de textos de la mística del desierto, con San Antonio el Grande, Evagrio Póntico, Gregorio

---

14. *Les Soirées de Saint-Petesbourg – ou entretiens sur le gouvernement temporel de la Providence* (onzième entretien). Joseph de Maistre. Ed. Guy Trédaniel, París 1980 (2 Vols.).

15. Del griego *hesychia*, «tranquilidad», con el sentido de sobriedad, de custodia del intelecto, de unión con el Espíritu Santo...

16. *«Señor Jesús, Hijo de Dios, ten piedad de mí pecador»*. Ver también los *«Relatos de un peregrino ruso»*, con numerosas ediciones.

17. *«Filocalia dei Santi Niptici, raccolta dei santi Padri Teofori, dove si vede come, attraverso la filosofia della vita attiva e della contemplazione, lo spirito si purifica, è illuminato e reso perfetto...».*

Palamás, Simeón de Tesalónica y muchísimos más. Para Jean Gouillard,[18] su publicación representó un acontecimiento importantísimo en el s. XVIII, porque, como tradición auténtica que era, *constituía el antídoto necesario contra un «iluminismo» excesivamente intelectual y filosófico*. El contraste no podía ser mayor. Pero lo que externamente el hesicasmo aparenta de estático, cultivando el amor de la *tranquillitas*, ha hecho que algunos verdaderos ignorantes los hayan catalogado con el iluminismo de la época.

Hay un *iluminismo* anterior designado con este mismo nombre, que triunfa en los países germanos. Proviene de Francia, importado en el s. XVI de los *Alumbrados* castellanos, pero permutando su carácter. Es de aspecto deísta, espiritualista, teosófico, gnóstico y panteísta. Nada que ver. Ya decimos lo que persiguen los de Baviera: derrocar el trono y el altar; la *globalización*, la conquista del planeta. Si es cierto que sus socios (tanto más importantes cuanto más altos social o financieramente) van a recibir grados, títulos y conocimiento de rituales de carácter iniciático y francmasón, es para llenarles el tiempo. Además de ser lo debido a la época, es necesario: no todos los *illuminati* están «iluminados»; en el secreto. A diferencia de los miembros del areópago, no conocen un secreto revolucionario que sería, para el conjunto, un verdadero suicidio, pues naturalmente se opondrían por razón de cuna. Algo hay que darles por tanto para, nutriendo su ego, tenerlos en un puño. Pero el grado iniciático y la doctrina simbólica que corresponda, que a Weishaupt inte-

---

18. *Petite Philocalie de la priére du coeur*, Seuil, París, 1979.

resa tan poco, no lo van a obtener en el seno de los Iluminados, sino en la logia masónica a la que pertenecen como complemento a su alta entre los *Illuminati*.

Verdaderos precursores fueron –decimos– los *Alumbrados*, secta mística española, laica, nacida en Castilla a principios del XVI, que la Inquisición conde-nó el 23.IX.1525 acusados de herejía. La idea principal es que el alma del hombre es capaz de entrar en comunicación directa con el Espíritu Santo, esto es, se privilegia la experiencia personal, si acaso no se limita a ella la vida religiosa. Protagonizaban fenóme-nos histéricos a veces con convul-siones y acompañados de visio-nes y revelaciones, lo que no podía menos que llamar la atención de

San Ignacio de Loyola

la Inquisición. Como ponían énfasis en la lectura de la Biblia, se hacían sospechosos de propalar una espiritualidad de tipo protestante. En España, durante mucho tiempo, fue un problema verse tildado de *alumbrado*, como ocurrió, por ejemplo, con Juan de Valdés Leal e incluso con Ignacio de Loyola, cuyos escritos fueron examinados a este respecto por una Comisión de Alcalá. Para J. M. García Gutiérrez,[19] es la

---

19. Véase *La herejía de los alumbrados. Historia y Filosofía.* Análisis histórico y filosófico de la única herejía genuinamente española: los alumbra-dos del siglo XVI. Historia de su enfrentamiento con la Inquisición y estudio de sus ideas teológicas, religiosas y filosóficas.

única herejía genuinamente española. Han dado lugar a abundante literatura. Procedentes de Sevilla, la secta pasó a Francia en 1623, donde formaron grupo y se constituyeron como *illuminés* (iluminados), lo que es traducción del castellano «alumbrados».

La leyenda y el movimiento Rosa+Cruz nace en el siglo XVII con los *manifiestos* atribuidos al Abad de Heidelberg Valentin Andreae. Su futuro va a ser importante. Alimentan una teosofía piadosa de carácter cristiano, pero de tendencia completamente antipapista (sería mejor decir antijesuita) y protestante. Según cita Sédir,[20] las tres letras F. R. C. (*Fratres Rosae Crucis*) significan *Fratres Religiones Calvinisticæ*, lo que parece justo.

Practicantes discretos de la teúrgia y propagadores de una alquimia tanto espiritual como operativa, el fulgor del nombre hizo que se incluyera la iniciación rosacruz en uno u otro régimen masónico. Ocurrió en el Rito Escocés Antiguo y Aceptado, cuyo grado 18° es de «*Soberano Príncipe Rosacruz*», al igual que el grado 7° del rito francés.

Los textos fundamentales de Valentín Andreae a los que nos referimos son los siguientes: la *Fama Fraternitatis*, cuyo titulo completo implica directamente a los jesuitas[21] y revela la existencia de la Orden. Está dirigido a las autoridades políticas y religiosas, atacando a Roma –al poder papal– en los negocios espirituales y temporales. Narra la existencia alegórica de Christian Rosenkreutz (atribuido) (1378–1484) desde que inicia su periplo iniciático a través del mundo,

---

20. *Histoire des Rose+Croix.*
21. ... *Auch einer kurtzen Responsion von des Herrn Haselmeyer gestellet, welcher desswegwn von den Jesuitern is gefänglich eingezogen...* cfr Yates, opus. Cit, p. 295.

hasta la invención de su tumba. En su interior arde una de esas lámparas eternas de los antiguos, eternas al venir alimentadas por el elixir universal.

La *Confessio Fraternitatis* completa al anterior. Predica la necesidad de regeneración del Hombre, sosteniendo que la Fraternidad Rosacruz posee la ciencia filosófica que hará posible dicha regeneración. Se dirige a los amantes de la Ciencia y a los buscadores de la Verdad.

Pero el texto más famoso es el de *Las Bodas Alquímicas de Christian Rosenkreutz*.[22] Es fundamental el concepto alquímico de *bodas alquímicas*, que serán adulterinas, como sabe muy bien el estudioso de la ciencia hermética. Este libro relata un viaje iniciático en busca de Iluminación, con etapas y periplos que pretenden transmitir un simbolismo, pero que a veces son excesivamente rebuscadas. Arrasado e incendiado por la Inquisición su castillo paterno de Germelshausen, la leyenda dice que Christian Rosenkreutz, con 5 años, encontró asilo en un monasterio vecino, donde fue educado aprendiendo griego y latín. Ya adulto, en compañía de un fraile que murió en Chipre, emprende camino a Damasco, desde donde pasará a Arabia y, desde allí, a Egipto con todos sus misterios. De regreso a Turingia, funda la cofradía Rosa+Cruz, y vive como ermitaño hasta su muerte, en 1484, contando 106 años. Simbólicamente quiere representar el teosófico viaje que emprende el alma en busca de la divinidad.

---

22. De los dos primeros libros hay ediciones castellanas, de mano –creemos recordar– de Muñoz Moya y Montraveta. *Las Bodas Alquímicas* fueron publicadas por Ediciones Obelisco, Barcelona, 2004.

Bastante tiempo después, en el siglo siguiente, los muros de París se vieron cubiertos de carteles con el siguiente texto:

Nosotros, diputados del Colegio principal de la Rosa+Cruz, declaramos estancia visible e invisible en esta Villa por la gracia del Altísimo, hacia quien se torna el corazón de los justos. Sin libros ni señales enseñamos a hablar todas las lenguas de los países donde estamos, para sacar a nuestros semejantes del error de la muerte. Si se le ocurre a alguien vernos por simple curiosidad, jamás comunicará con nosotros; pero si la voluntad le lleva a inscribirse en los registros de nuestra Confraternidad, nosotros, que juzgamos los corazones, le haremos ver la verdad de nuestras promesas, de modo que no indicamos el lugar de nuestra estancia en esta ciudad, ya que los pensamientos unidos a la voluntad real del lector, harán que nos demos a conocer a él, y él a nosotros.[23]

Este mensaje o parecido se repitió en París en 1922. La leyenda tuvo éxito, pues hay materia para tenerlo. Los tres

---

23. «*Nous, députés du Collège principal de la Rose-Croix, faisons séjour visible et invisible en cette ville par la grâce du Très-Haut, vers Lequel se tourne le cœur des Justes. Nous montrons et enseignons à parler, sans livres ni marques, toutes sortes de langues des pays où nous voulons être pour tirer les hommes, nos semblables, d'erreur de mort. - S'il prend envie à quelqu'un de nous voir par curiosité seulement, il ne communiquera jamais avec nous, mais si la volonté le porte réellement à s'inscrire sur le registre de notre Confraternité, nous, qui jugeons des pensées, lui ferons voir la vérité de nos promesses ; tellement que nous ne mettons point le lieu de notre demeure en cette cité, puisque les pensées jointes à la volonté réelle du lecteur seront capables de nous faire connaître de lui, et lui de nous*».

libros conocieron una importante difusión a través de Europa y –como decimos– pronto surgieron rituales con su denominación, hasta llegar hoy y al muy americano AMORC.[24] En todo fueron para muchos una secta más de iluminados, aunque creemos que se equivocan. Querían restituir contra Roma el verdadero cristianismo antes del fin del mundo, fin que presagiaban para ellos las contemporáneas guerras de religión.

El inglés Elias Ashmole pudo llamar iluminados a los R+C: *the most illuminated Brothers of the Rose Cross*. Francis A. Yates parece unir ambos «títulos» en el encabezado de su Obra *The Rosicrucian Enlighttenment*,[25] y en Alemania, el mani-

---

24. Sociedad Rosacruz inventada por su Imperator desde cero. Da [vende] iniciaciones por correspondencia, lo que es el colmo de la inconsciencia o del cinismo. «*Il apparait bien que l'Imperator a d'abord fabriqué de toutes pièces son A.M.O.R.C., en dépit de la fantastique histoire d'une charte qu'il aurait reçu à Toulouse en 1915, et dont le signataire supposé n'a jamais pu être découvert; mais, par la suite, il est entré en contact avec les multiples organisations dirigées par le fameux Aleister Crowley, dont il est devenu en quelque sorte un des lieutenants; cela montre bien que, de la «pseudo-initiation» à la «contre-initiation», le passage n'est souvent que trop facile...* Véase René Guénon, Études sur la Franc-Maçonnerie et le Compagnonnage, Editions Traditionnelles, París 1978 (2 Vols.).

25. «*The title of this book may give rise to some misunderstanding. 'Rosicrucian' may suggest that this is going to be a book about modern groups of enquirers into various forms of occultism. "Enlightenment" may suggest that the book will be about the period known as the Aufklärung, the emergence into the light of reason from the darkness of superstition with Voltaire, Diderot, and the eighteenth century. The two words together seem to make an impossibility, representing two opposite tendencies, the one towards strange forms of superstition, the other towards critical and rational opposition to superstition. How can a Rosicrucian be enlightened?*» Palabras inaugurales del prefacio de Francis Yates, «The Rosicrucian Enlightenment», ed. Routledge Classic 2002

fiesto *Fama* presentaba a los Hermanos R+C como una fraternidad de iluminados.[26]

Según Robison[27] los grados rosacruz de la masonería del XVIII no tiene que ver con estos iluminados que, para entonces, ya se habían extinguido. Sin embargo, las logias rosacruces se crearon pronto, y fueron numerosas, porque sus misterios estaban dirigidos tanto a la curiosidad como a la sensualidad y a la avaricia de los hombres. Llegaron a ser un conjunto formidable que adoptó la constitución de los jesuitas, pues sólo se presta a los ricos. Dividían la Fraternidad en círculos, cada uno bajo la gestión de un superior particular, conocido por el presidente pero desconocido por los miembros de las logias. Estos superiores estaban conectados entre sí de un modo que sólo ellos conocían, y el conjunto estaba a las órdenes de un General...

En realidad –Robison *dixit*– eran una secta de supuestos alquimistas que pretendían la transmutación de los metales y a la medicina universal... Estas logias rosacruces fueron consideradas siempre por los demás francmasones como cismáticas, y estimaban que no había necesidad de

---

26. Francis Yates, op. cit.: «*in Germany, the Rosicrucian Fama was to present the Brothers R.C. as a fraternity of illuminati, as a band of learned men joined together in brotherly love*»...

27. Cfr. John Robison (1739 – 1805), «*Proofs of a conspiracy against all the Religions and Governments of Europe, carried on in the secret Meetings of the Freemasons, Illuminati, and Reading Societies, collected from Good Authorities*». La primera edición es de Edimburgo 1797. Nuestro ejemplar es un reprinted personalizado de Amazon.com, Kessinger Publishing's Rare Reprints, 2004.

introducir en las logias los delirios religiosos de los rosa-cruces.[28]

En Bruselas se publicó en el XVII un trabajo titulado *Rosa Jesuítica*, que adaptaba el simbolismo de la rosa al uso católico (símbolo marial, *Rosa Mystica*), con lo que algunos se preguntaban si las dos Órdenes, la de los jesuitas y la de los rosacruces, no eran en realidad sino un único y mismo cuerpo, uno de ellos entrando en latencia para emerger más tarde como si fuera el otro...

El de *rosacruz* o *rosa+cruz* es un nombre seductor por su sonoridad, como por la antinomia de conceptos que lo constituyen.

Como el protestantismo, el iluminismo es multiforme; se divide en sectas de diferente calado, carácter y afinidades. Así, más tarde, la Sociedad de Iluminados de Avignon de Dom Pernety, con rituales de carácter alquímico y hermético; y en 1767, los Iluminados teosofistas o los concordistas.

El iluminismo, en realidad, indica una profunda tendencia del corazón del hombre, sin la cual no habría prosperado: la de la luz en el corazón. Luz ordinariamente velada por

---

28. «*These Rosycrucian Lodges were soon established, and became numerous, because their mysteries were addressed, both to the curiosity, the sensuality, and the avarice of men. They became a very formidable band, adopting the constitution of the Jesuits, dividing the Fraternity into circles, each under the management of its own superior, known to the president, but unknown to the individuals of the Lodges. These superiors were connected with each other in a way known only to themselves, and the whole was under one General [...] but a set of Alchymists, pretenders to the transmutation of metals and the universal medicine [...] but the Rosycrucian Lodges have always been considered by other Free Masons as bad Societies, and as gross schismatics [...] any necessity of admitting along with them [las loggias] the religious deliriums of the Rosycrucians*». Robison, *op. cit.*

el órgano del cerebro, sin cuyo velo nos deslumbraría dejándonos paralizados en la contemplación estática. Moriríamos de inanición. Esa luz que el iluminismo persigue sería, en nuestra actual situación, pura oscuridad. Juega el simbolismo de la caverna de Platón. Por aquí, sin embargo, es por donde podríamos intentar una mirada fértil sobre los estados póstumos. Mientras no estemos en ellos, sino todavía aquí, celados por la corteza cerebral, asistiremos a los dos aspectos diferentes en los que la luz a la que nos referimos se refleja, según el tamiz que la sensibilidad oponga. Parece ser que el occidental es más grueso, lo que permite un espíritu más lúcido y operativo. No es lo mismo la mística que la ascética.

Lejos de la racionalidad del dogma católico y de una disciplina eclesiástica entonces demasiado omnipresente, los iluminismos, caracterizados por un aire espiritualista y místico, han sido siempre fecundos en herejías. Quizás podríamos retrotraernos a otros antecedentes. Se detectan (en Occidente) en el roce de cruzados y templarios con distintas cofradías islámicas de un carácter estático. De hacer caso, habría habido fecundación del Cristianismo por el Islam, pero ni un solo caso de lo contrario… sea o no el Islam una secta cristiana.

También los masones se quieren remontar a esos orígenes templarios, tanto por las referencias al Templo, como por una cierta ósmosis cultural que puede haber hecho pensar a muchos en una islamofilia, que estaría en el origen de las barbaridades que se les atribuyó (al menos como pretexto) durante su proceso de 1312, seguido de su extinción. También cabe pensar en otras cosas, como las escuelas florentinas del s. XVI, con Marsilio Ficino, Pico de la Mirándola, Nicolás de Cusa, Giordano Bruno, etc. Y ya, contemporáneos de Weishaupt, en los convulsionarios, martinistas y swedenborgianos,[29] sin olvidar el paganismo, vía hermetismo, de Dom Pernety y su escuela de «Iluminados de Avignon». Estos esperaban un acontecimiento que había de restaurar el verdadero cristianismo, bajo la forma de una nueva manifestación de Cristo. Dijeron que el mundo se adentraba en los últimos tiempos de la tercera edad, porque –decían– *el tiempo es corto; el tiempo está próximo*...

Siempre el tiempo –la *Hora*– ha sido corto y ha estado próximo, y corresponde al individuo en su foro interno, estar listo. Es muy conocido y citado el «aviso» del discípulo de L.C. de Saint-Martin, el masón Joseph de Maistre, verdadero maestro en el mundillo en el que ahora nos movemos. Basándose en el Apocalipsis de San Juan, anuncia en sus *Soirées de Saint-Petesburg* (XI° discurso):

Más que nunca, Señores, debemos ocuparnos de altas especulaciones, ya que tenemos que estar listos para un acontecimiento inmenso en el orden de lo divino, hacia el cual marchamos con una velocidad acelerada que debe llamar la atención de todos

---

29. El visionario sueco Swedenborg (que jamás fue masón), padre de muchas vocaciones e iniciaciones. En relación con los teósofos swedenborgianos o martinistas del s. XVIII se dice que Martinès de Pasqually habría recibido la iniciación de Swedenborg durante un viaje a Londres, de lo que no hay constancia. Todo para sostener que sus Élus-Coën y su atmósfera teúrgica y sobrenatural, sería heredada: un swendenborgismo adaptado...

los observadores. Ya no hay religión sobre la Tierra: el género humano no puede continuar en este estado. Por otra parte, temibles Oráculos anuncian que «los tiempos ya han llegado»...[30]

Nos interesa destacar que el Iluminismo, genéricamente hablando, no supone verdaderamente una novedad, como tampoco un evidente peligro, y mucho menos un crecimiento del espíritu humano. Cierto también que los aires de los tiempos y el papanatismo general, se dejan seducir por los actuales conspirólogos, que lo son de todo pelaje.

Se afirma que los Iluminados de Baviera[31] son una forma especial de Iluminismo. Nada más lejos de la verdad en sí mismo; nada tan acertado si nos ubicamos en el XVIII, en los años de actividad de los *Illuminati*, y exclusivamente entre los iniciados o Minervales que no acceden a la alta atmósfera del areópago. El Quietismo primero y el Iluminismo después, son el resultado de la piedad y la quietud (la *tranquillitas*) posadas sobre la naturaleza siempre inmanente. Al través de las *signatura rerum* (las marcas de eseidad que exhiben) y de la visión alquímica de las cosas, abocan en la adoración pasivamente activa de la *deitas*, y en la desencriptación de esta vía.

---

30. «*Plus que jamais, messieurs, nous devons nous occuper de ces hautes spéculations, car il faut nous tenir prêts pour un événement immense dans l'ordre divin, vers lequel nous marchons avec une vitesse accélérée qui doit frapper tous les observateurs. Il n'y a plus de religion sur la terre: le genre humain ne peut demeurer dans cette état. Des oracles redoutables annoncent d'ailleurs que* les temps sont arrivées...». Les Soirées de Saint-Petesburg. op. cit.
31. Por ejemplo Serge Hutin, *Gouvernements invisibles et sociétés secrètes*, J'ai Lu, 1971.

Adoración contemplativa y al mismo tiempo lúcida, no cede en el intento de alcanzar la sabiduría, la Sofía, la teosofía en fin, y el misterio de lo creado.

Vamos a tocar muchos temas sin poder profundizar en este corto espacio. Apenas esbozamos tendencias. El resumen más genérico indica que el Iluminismo será un movimiento más difícilmente atribuible, como cosa propia, a la cuenca mediterránea latina o griega, donde las múltiples cofradías son de otro signo. Están más movidos por el teatro de la Presencia epifánica y sacramental; por la belleza y la gloria del dogma.[32]

El puritanismo de la Reforma, siempre atento y estudioso, es más sensible al idealismo de esa espiritualidad, oscura y confusa, que tiene a la de «teosofismo» como palabra clave. Sin ninguna duda, Jacob Bœhme es su máxima figura y encabeza la nómina. Este zapatero de Gœrlitz sobre quien (en cuyos escritos) se reclinaba Hegel (el gran filósofo alemán reclinado sobre el *Teutonicus Philosophus...*), contemplaba la subida y bajada de los ángeles y el tráfico de mundos. Acaso podríamos decir lo mismo de Swedenborg, que convivía con los espíritus. La de Boehme era una visión intelectual. Lo conseguía al compás de su mano de zapatero, subiendo y bajando con cada puntada que daba al coser. Se podría predicar de él exactamente lo mismo que de ese otro zapatero, el patriarca Henoc de quien, además, habla tanto Bœhme, este «Príncipe de los oscuros», en su *Mysterium Magnum*. Según los

---

32. Sobre este tema de asociaciones y sociedades en la cuenca mediterránea (por excluir el ámbito centroeuropeo), ver nuestra obra «*El Priorato de Sión. Los que están detrás*», Ediciones Obelisco, Barcelona 2004.

hassidines alemanes de la Edad Media: «*a cada puntada de la aguja, él* (Henoc) *no juntaba el cuero de arriba con el cuero de abajo, sino todo cuanto hay arriba con todo cuanto hay abajo*»…

Decimos que fue también llamado el *Príncipe de los oscuros.* Sin embargo era un alma pura, ignorante y casi casi infantil, aunque con extraordinarios dones de visionario que le llevaron a sus atrevidas doctrinas, y a su enorme ámbito de influencia. Su obra escrita es considerable. Está en la raíz de las doctrinas germánico-teosóficas del s. XVIII. Para Jacques Masui, el introductor de su obra *Confessions,*[33] reintroduce términos, como los de *sophía, apófasis, deificación, pneumatología,* etc., quizás perdidos en la Edad Media durante el desarrollo de la escolástica. Su concepto de «vacío» es el de la «plenitud», y bajo éste y otros puntos de vista, provenientes de Plotino o de Dionisio el Areopagita, está reactualizando las intuiciones de Eckhart. No teniendo la necesaria cultura, a veces carecía del concepto que nos parecería el apropiado para apuntar a sus «visiones», pues su saber era puramente existencial.

Boehme creía que su época conocería el Apocalipsis, porque es propio de todo vidente pensar lo mismo de la suya; pero que las fuerzas del bien habían de superar a las del mal. Es un juego sublime el de estas fuerzas. Frecuentando a este famoso zapatero, vemos que su pensamiento, acaso torturado, pero más seguramente iluminado, está atravesado de ideas y fuerzas antinómicas.

Podía pensar y decir que, proviniendo todo de Dios, el mal también (preferimos a Moisés Cordovero: nos enseña

---

33. Ed. Bayard, París, 1976.

que Dios sustenta el mal que *crea* el hombre...). La proposición de Dionisio el pseudoareopagita según la cual el mal no es un existente, para él no tenía sentido. Del mismo modo (del mismo *difícil* modo), las Tinieblas no han sido creadas y existen en Dios. Comparativamente (pues lo que está arriba es como lo que está abajo) distinguirá dos fuerzas como fuentes de vida: el calor y el frío, cualidades o principios tanto buenos como malos. Es un pensamiento verdaderamente teutónico, al margen de su componente gnóstica.

Esta idea de fuego o calor que inflamó a la materia es fundamental en Boehme, y se adentra de estos modos por los caminos de una alquimia interior. Pero si el fuego superabunda, la luz se apaga: este pensamiento es extraordinario. Es lo que aconteció a Lucifer, pese a la etimología de su nombre. En efecto, deslumbrado por su propia belleza y luz, se *inflama*, pasando, en su ardor, a querer sustituir al mismo Dios. Deslumbrado, pierde su luz.

De aquí pasará el Príncipe de los oscuros a su particular angelología y a la creación de la materia, en una jerarquización teosófica que anuda o desanuda las cualidades de esa luz primordial. También alcanza una idea de la Nada con la que poder definir a Dios. Nos recuerda a Pascal cuando, tan brillantemente, describía la totalidad como Absoluto/Nada. Ahora, Dios es el oculto. La revelación de su Nada es, en efecto, el Todo.

El Dios único se llama Dios según la luz de su amor, y no según las tinieblas. Se sigue la creación conforme a estos principios. En una de sus máximas, Bœhme dice: «*Para quien el tiempo es como la eternidad –y la eternidad es como el tiempo– ése está libre de toda lucha*». Nos parece oír a un maestro zen.

# Masones

Al margen de sus leyendas internas que le conceden una más que venerable antigüedad, la masonería especulativa[34] proviene de este mismo siglo XVIII. Se levanta acta de su creación en la San Juan de Verano de 1717. Cuatro miembros de las logias de albañiles (masones) descendientes de las asociaciones libres que se ocuparon de la construcción de la Catedral de Estrasburgo, se reúnen y fundan la Gran Logia de Londres, que más tarde, en 1738, pasará a llamarse Gran Logia de Inglaterra. Es «*la más antigua y honorable Sociedad de Masones aceptados y libres*».[35] En 1721, su Gran maestre pide al pastor protestante James Anderson redactar las Constituciones, a la vista de los antiguos deberes (*Old Charges* [36]) y franquicias (*landmarks*) de hasta entonces. Cumple el encargo, y Anderson publica en 1723 *The Constitutions of Free-Masons*. Seguirán otras cuatro ediciones, retocadas cada vez más humanistas, rebajando las referencias a la deidad.

---

34. *Especulativa* quiere decir, en definitiva, que no se ocupa del hacer artesanal *operativo*, manual, que es el propio de los gremios medievales. Por tanto, los masones actuales son, desde el XVIII, miembros «aceptados»: no manejan la paleta y el mortero. También en la Edad Media cada gremio tenía unos pocos miembros aceptados, no operativos, como podía ser su bailío, su médico o su sacerdote.

35. En la Gran Logia de Inglaterra se contemplaban ocho principios fundamentales: 1) Creencia en el Gran Arquitecto del Universo; 2) Juramento sobre la Biblia (o el Corán, técnicamente); 3) Trabajo ante las tres Grandes Luminarias: la Biblia, la Escuadra y el Compás.; 4) Prohibición de discusiones políticas y religiosas; 5) Masculinidad; 6) Soberanía; 7) Tradicionalismo; 8) Regularidad de origen.

36. Todo el mundo los cita, sin saber realmente de qué se trata: ni más ni menos que de los antiguos manuscritos operativos.

Rival de la Gran Logia de Inglaterra aparecerá, en 1773, el Gran Oriente de Francia, siguiéndose en el Continente logias con diferentes ritos y regímenes: el Rito Escocés Antiguo y Aceptado,[37] el Rito Escocés Rectificado,[38] el Rito de Emulación, el Rito de York, el de Misraim, el de Memphis, etc. Cada uno de ellos introduce un matiz o un mundo de diferencias. El Rito Escocés Rectificado será, por ejemplo, más afín a los católicos, a causa de la tradición de María Estuardo, la hija de Jacobo V de Escocia.

La regla principal de las logias es la *iniciación*, y es progresiva a través de la escala de grados masónicos, diferentes en número según el rito que se practique.

---

37 Grados (actuales) del Rito Escocés Antiguo y Aceptado: a) **Masonería Azul:** 1) Aprendiz; 2) Compañero; 3) Maestro; b) **Masonería Roja:** 4) Maestro Secreto; 5) Maestro Perfecto; 6) Secretario Intimo; 7) Preboste y Juez; 8) Intendente de los Edificios; 9) Maestro Elegido de los Nueve; 10) Ilustre Elegido de los Quince; 11) Sublime Caballero Elegido; 12) Gran Maestro Arquitecto; 13) Real Arca; 14) Gran Elegido Perfecto y Sublime Masón; 15) Caballero de Oriente o de la Espada; 16) Príncipe de Jerusalén; 17) Caballero de Oriente y de Occidente; 18) Soberano Príncipe Rosacruz; c) **Masonería Negra:** 19) Gran Pontífice o Sublime Escocés; 20) Venerable Gran Maestro de las Logias Regulares; 21) Patriarca Noaquita; 22) Caballero Real Hacha o Príncipe del Líbano; 23) Jefe del Tabernáculo; 24) Príncipe del Tabernáculo; 25) Caballero de la Serpiente de Bronce o de Airam; 26) Príncipe de la Merced o Escocés Trinitario; 27) Gran Comendador del Templo; 28) Caballero del Sol; 29) Gran Escocés de San Andrés; 30) Gran Elegido Caballero Kadosh o del Aguila Blanca y Negra; d) **Masonería Blanca:** (sólo para los jerarcas de la orden): 31) Gran Inspector Inquisidor Comendador; 32) Sublime y valiente Príncipe del Real Secreto; 33) Soberano Gran Inspector General.

38. Es necesario señalar que la noción de Régimen tiene que ver con la organización estructural del sistema, mientras que la de Rito se refiere a la práctica ritual propiamente dicha. Así pues, por ejemplo, las dos expresiones: Régimen Escocés Rectificado y Rito Escocés Rectificado, no quieren decir lo mismo, aunque el uso cotidiano las confunda al tener ambas unas siglas comunes: R.E.R.

Pese a esta diversidad, los masones se dicen iguales entre sí: obra el principio de fraternidad con independencia del grado masónico y de la clase social. Definamos la iniciación: es el rito por el que un candidato cualificado queda integrado en una organización «iniciática». Si se trata de una religión, la iniciación aporta la transmisión de una energía suprahumana. Utilizar el concepto *suprahumano* puede sorprender en tiempos –los nuestros– en los que todo es «humano, demasiado humano», y nada angélico o divino. Pero no hay otra manera de decirlo.

La masonería crece y evoluciona considerablemente durante el mágico s. XVIII: hay materia para varios volúmenes de historia entre su creación y la Revolución francesa. Los regímenes nacen diferenciados, y con el tiempo se diferenciarán todavía más. Decimos que son especulativas o simbólicas, pero algunas serán psíquicamente operativas o teúrgicas (en el martinismo), alquímicamente operativas y hasta parapsicológicamente operativas.

Se crearán algunos regímenes con más de 90 grados de iniciación, lo que no tiene ningún sentido: en una misma tenida, el candidato recibirá seis, siete y hasta 10 grados distintos... cada uno sin ritual; de una sola tacada. La significación particular quedará en el puro *nomen*, sin contenido simbólico. Lógicamente todo ello tiene su por qué, sin que se evite el absurdo.

Nacen y mueren en el siglo Dom Pernety y Martines de Pasqually, éste, el creador de la obediencia *operativa* de los Elus Cohen; nace el Barón von Hund, que en 1751 creará la Estricta Obser-vancia Templaria; nace la figura mayor de Jean-Baptiste Willermoz quien, en el convent de Wilhemsbad, la transformará en el Rito Escocés Rectificado; 11 años más tarde, el Caballero Ramsey pronunciará su famoso discurso,[39] que precipitará la evolución mística de la Masonería; muere Swedenborg (un no masón, pero cuyas ideas se extendieron tanto por la masonería sueca primero, como por otras varias después); L.C. de Saint-Martin[40] recibirá la iniciación de Réau-Croix.

*Sello utilizado por
Martines de Pasqually*

Entre la autenticidad y la *pietas* de los gremios artesanales operativos, medievales y posteriores, y esta inflacción especulativa de títulos y dignidades que se apoyan en el aire, no hay posibilidad de opción…

Ese de Réau-Croix es el único grado de la 4ª clase «secreta», operativa, de los Elus Cohen (elegidos «cohen», en hebreo «sacerdote»). Las clases de los Elus Cohen se dividen en los siguientes:

– 1ª Clase: Masonería Simbólica
  Aprendiz
  Compañero
  Maestro
  Gran Elegido o Maestro Elegido

---

39. Discurso de recepción pronunciado en Lunéville en 1738.
40. Llamado «*el Filósofo desconocido*» porque no firmaba sus obras… Es la figura más interesante de esta época, que abandonó su logia (que practicaba la teúrgia) para dedicarse a la lectura y meditación de la *Imitación de Jesucristo*. En carta a Willermoz decía: *el régimen masónico se convierte cada vez más incompatible con mi manera de ser y la simplicidad de mi proceder*. Su obra cumbre es *L´homme de désir*. A él debemos el concepto de «*noble viajero*».

– 2ª Clase: Porche
  Aprendiz Elegido Cohen
  Compañero Elegido Cohen
  Maestro Elegido Cohen

– 3ª Clase: Grados del Templo
  Gran Maestro Elegido Cohen o Gran Arquitecto
  Caballero o Comendador de Oriente
        o Gran Elegido de Zorobabel

– 4ª Clase: Secreta.
  Réau-Croix

Totalmente de lado del universo masónico, aunque casi inmediatamente implicado, vendrá al mundo nuestra *Ordo Illuminatorum, Illuminati,* o Iluminados de Baviera, primeramente llamada *Ordo Perfectibilis.* Orden ansiosa perdida de ganas por penetrar, fagocitar y apoderarse de la masonería. De modo que nos interesa el sentido que ésta tiene, su carácter de signo, a veces casi profético.

De modo que la Masonería iniciática y aceptada –la actual– se constituye contemporáneamente en el s. XVIII, y se dota de diversos grados, presentándose como la gran defensora de la racionalidad, de la ilustración, de las luces... Pero confutando y contradiciendo la racionalidad que pretende encarnar, ridículamente suple la intolerancia e «irracionalidad» de la religión con una mayor *religiosidad laica* que sus complejos ritos ostentan (al ateo mismo la religiosidad le brota por los poros). Primero en sus tenidas, con los ritos de apertura y cierre del templo, consecuentes en ello con el acceso ritual y la salida de los espacios *sagrados*; una lección fundamental que vergonzosamente tenemos casi perdida (nuestros templos, que lo son de verdad, ya no tienen ni aguabenditeras para entrar y salir...).

Atavíos, mandiles, sombreros, señas, condecoraciones, anillos, collares, inscripciones, catecismos, hábitos a re-vestir según iniciación y grado, grados a franquear en diverso número según logia y obediencia. Inclusión –en el universo masónico y en primerísimo término– de ese término de «obediencia», de secreto

*Caballero francmasón*

iniciático, ritos, palabras de paso, saludos y gestualidad propia y secreta que no teme al ridículo, etc. Recibiendo en lo bajo, en la convención y el consenso, el masón va a contar, ineficaz, con lo que el vulgar cristiano recibe de lo alto. Nada deberá a la trascendencia. La noción de «Gran Arquitecto del Universo» se integrará inmediatamente en el seno de un deísmo voluntarista y repudiable. En efecto, antes que la tinta llegue a secarse, vemos atónitos las mudanzas que padece el Art. 1° de las Constituciones de Anderson (1723), que dieron a luz a la masonería especulativa:

> El Masón está obligado, por su título, a obedecer la ley moral y si comprende sus deberes, nunca se convertirá en un estúpido ateo, ni en un irreligioso libertino. Aun cuando en los tiempos antiguos los masones estaban obligados a practicar la religión que se observaba en los países donde habitaban, hoy se ha creído más oportuno

no imponerle otra religión que aquella en la que todos los hombres están de acuerdo, y dejarles completa libertad respecto a sus opiniones personales. Esta religión consiste en ser hombres buenos y leales, es decir, hombres de honor y de probidad, cualquiera que sea la diferencia de sus nombres o de sus convicciones. De este modo, la Masonería se convertirá en un centro de unidad, siendo el medio de establecer relaciones amistosas entre gentes que, fuera de ella, habrían permanecido separados entre sí.[41]

Totalmente anodino.

Pronto desaparece del panorama, si alguna vez estuvo en boca del pastor Anderson (que no lo estuvo), la referencia al Dios de Abrahán, de Isaac y de Jacob, Padre de N.S.J.

A cambio de librarse de la práctica de la religión, la Masonería, que tanto se dice racionalista, se convertirá en un *melting-pot* de cábalas, alegorías, leyendas, jeroglíficos, palabras perdidas, míticas genealogías, fenómenos sobrenaturales, criptogramas, ucronías, esoterías de todo cuño...

En cambio, creemos con otros que una primera masonería estuvo próxima al catolicismo; que hasta la Revolución, la filosofía masónica era fundamentalmente cristiana. Sin embargo y desde la primera hora, también hubo logias totalmente materialistas, como la *Loge de las Nueve Hermanas*; como la «secta masónica» alemana de los *Iluminados*. Éstos, según un aparente consenso, van a contribuir a desnaturalizarla.

---

41. «*A Mason is obliged by his tenure to obey the Moral Law, and if he rightly understands the Art, he will never be a stupid Atheist nor an irreligious libertine*», etc.

A este efecto interesan algunos resultados del convent[42] de Wilhemsbad que tuvo lugar en 1782, a iniciativa de Willermoz. Reunía a masones alemanes y franceses, con el propósito de reorganizar la Masonería. Joseph de Maistre colaboró con un memorial dirigido al Duque de Brunswick, Gran Maestre de la masonería escocesa de la Estricta Observancia. Defendía en su memoria que el tercer grado de la Masonería debería tener como finalidad el cristianismo transcendente, y que había que interrogar a la venerable antigüedad para encontrar el sentido de las alegorías sagradas.

Participaron en este convent los discípulos de Weishaupt, que se aliaron con los racionalistas franceses contra los teósofos alemanes. Esto los define. Los resultados fueron favorables sobre todo a los teósofos, pero el racionalismo no se dio por batido. Continuó desarrollándose en las logias y ganando más y más terreno. Por ello, se retiraron los hombre con un espíritu religioso, entre ellos Saint-Martin y J. de Maistre. Se fueron para siempre.

Viatte dirá que «son los *Iluminados de Baviera unidos a ciertas logias racionalistas de Francia, los que han tramado la conspiración a la que –se diría– ni la monarquía ni la Iglesia podrán escapar*»,[43] y más tarde añade que los de Baviera, despreciando las tendencias alquimistas, templarias y otras de la Masonería, y orientándola hacia el anticlericalismo, marcan la transición entre la francmasonería religiosa y la revolucionaria.

---

42. *Convent* es una palabra inglesa usada para designar las asambleas generales de los francmasones.
43. cfr. «*Sources ocultes du romantisme*».

Personalmente no concedemos tanta importancia a los *Illuminati*, ni siquiera la mitad. Más bien pensamos que si la Masonería evoluciona en el sentido que lo hace, es llevada de su propio impulso y acunada por los vientos que le tocan...

Desgajándose de la presión del poder establecido y de sus primeros ideales, pronto se posiciona abiertamente contra el Altar y contra el Trono. Nada tan candoroso ni tan insidioso como lo que luego sigue (nada tan insidioso como lo que presenta Weishaupt como candoroso dejándonos inermes). En las instrucciones de la Tercera Cámara de la Orden de los Illuminati de Baviera,[44] se indica: «Los Reyes son padres. El poder paterno cesa cuando cesa la incapacidad del hijo, y el padre ofendería al hijo si pretendiera retener su derecho más allá de dicho periodo. Cuando una nación madura, su permanencia en la guardería acaba»[45]. El Rey es, pues, un padre... Pero no hay manera de olvidar lo aprendido, porque ¿cómo no mencionar al Marqués de Villaviciosa, Don Pedro Pidal (que hoy ya nadie recuerda), cuando afirmaba lo siguiente en su célebre opúsculo «*El "FILIOQUE"*»[46]?: «En la Familia, primera Sociedad, vemos la fuerza autoritaria, absorbente, del Padre, actuar como una verdadera fuerza centrípeta, y la fuerza libe-

---

44. Cámara de los «*Misterios*»: grado menor: *Sacerdote* y *Príncipe*; grado mayor, *Mago* y *Rex*.
45. «*Kings are parents. The paternal power ceases with the incapacity of the child; and the father injures his child, if he pretends to retain his right beyond this period. When a nation comes of age, their state of wardship is at and end*». Robison, op.cit, p. 107.
46. Ed. Ramona Velasco, viuda de Prudencio Pérez, calle de la Libertad 31, 1931. Las referencias del opúsculo son a Alfonso XIII, que tuvo que bregar con la Dictadura y con la República (olvidando que ambas tuvieron que bregar con él).

ral, anárquica, del Hijo, actuar como una verdadera fuerza centrífuga. Anular al Hijo para que todos sean deberes, parece ser el instinto de los Padres, de la Autoridad; y abandonar el nido, escaparse por la tangente, para que todo sean Derechos, parece ser el instinto del Hijo, de la Libertad»... En su pensamiento, el Padre es el Orden, la Monarquía; y el Hijo es la República, la anarquía.

Dictadura o República, las espadas están en alto. Weishaupt concluye: «*cuando una Nación madura, su permanencia en la guardería acaba*». El de Villaviciosa concluye: «*surge el Amor, que es el Espíritu Santo, la Tercera Persona, y concilia las fuerzas contrapuestas, las Autoritarias y las Liberales, hace el* Triángulo»...

Este triángulo nada tiene que ver con la Trilateral...

Los jesuitas serán expulsados; rodará la cabeza del Capeto. También podemos osar una mirada contradictoria, porque la Revolución pertenece a Francia. La alta aristocracia inglesa y alemana ocupan la jerarquía masónica, posesionados de los más altos grados iniciáticos, sonoros y resonantes. La burguesía da el salto que les lleva a ultramar, exportando sus ritos y sus logias. Si Helvetius, Diderot, Voltaire, Goldwin eran masones, también lo eran Franklin, Georges Washington, Thomas Jefferson, etc.

Nace, pues, en el mundo protestante de la *sola scriptura*, y como nadie hace asco a los juegos y disfraces, a lo poco se adentra en tierras católicas. La sola Escritura conduce a la libre interpretación. La libre interpretación aparece licenciosa y pródiga en las fantásticas entelequias de la Masonería. Lo que nos permiten concluir en lo evidente: la *doxa* católica, *ordo Missae* incluido, es un colmo de racionalidad cotejado con los aparatosos edificios mentales francmasónicos.

Los Iluminados de Baviera no podían evitar ser, en masonería, una fuente de irregularidad, y no ignoramos la importancia decisiva de la «regularidad»[47] en el seno de las logias. Efectivamente, la banda de Weishaupt pretende transformar en su beneficio los fines de las obediencias que –ya decimos- ellos parasitan. Y adaptarlas a sus intereses políticos de dominio; a su fobia y propaganda antirreligiosa. A imagen de lo que pensaban que eran los jesuitas dentro de la Iglesia, pretendían ser, de hecho, una sociedad secreta dentro de una sociedad secreta. Tal opinaba a principios de siglo su prestigioso analista René le Forestier, en su fundamental trabajo *Les Illuminés de Bavière*.[48] Los Iluminados desaparecen prontísimo, pero parecen haber dejado estela: vemos la impiedad de la masonería, su *odium* que no podemos decir *theologicum* hacia la Iglesia. No obstante para Jean Baylot, subsiste todavía una minoría de hermanos fieles a sus orígenes como francmasones. Coexisten como pueden con la gran mayoría agnóstica o atea. Sobreviven al margen de la politización del Gran Oriente de la nación que se trate.

Esta politización fue incoada por Adam Weishaupt y sus Iluminados de Baviera; la inventaron… Quisieron introducir en las logias su propia vía, una «vía sustitutiva».[49]

---

47. Para el francmasón que era René Guénon la regularidad queda definida por los ritos, la organización y el origen. Los ritos no deben haber sido alterados desde su fundación, al menos en lo esencial. Para ser válidos, contienen a la fuerza un elemento no-humano del que deriva la eficacia del rito, etc. Si con tales criterios falla la regularidad de una logia, la conclusión es que no tiene carácter iniciático, sino que se trata de un club social entre amigos, con fines totalmente profanos. Lo que es aplicable –nos parece– al cien por cien de ellas.
48. Hay una reedición facsímil de manos de Arché, Milano 2001.
49. cfr. Jean Baylot, «*La Voie substituée*», Lieja 1968.

Réne Guénon se pronunció sobre el tema de la regularidad masónica, para nosotros tan irrelevante como la masonería misma:

> Siempre se quiere basar la regularidad sobre consideraciones puramente históricas; sobre la prueba, supuesta o verdadera, de una transmisión ininterrumpida de los poderes, desde una época más o menos lejana; ahora bien, tendremos que confesar la existencia de más de una irregularidad en el origen de todos los ritos que se practican actualmente. Lo que pensamos es que todo ello está muy lejos de tener la importancia que algunos, por diversas razones, han querido atribuirle, y que la verdadera regularidad reside esencialmente en la ortodoxia masónica; y que esta ortodoxia consiste antes que nada en seguir fielmente la Tradición.

La verdadera regularidad –tal como lo vemos– es la fidelidad a una base originalmente pura, base que contradice la existencia de *más de una irregularidad en el origen de todos los ritos que se practican…*

El 14 de abril de 1947 y en el seno del *Rito Escocés Antiguo y Aceptado* de la Gran Logia de Francia, ese mismo Guénon crea la logia la *Gran Tríada*. El 17 de mayo siguiente escribía al francmasón Marius Lepage:

> [...] se trata de una logia destinada a mantenerse muy cerrada (una de las condiciones de admisión es tener un conocimiento suficiente de mi obra), donde se propone aplicar especialmente, en toda la medida de lo posible, las perspectivas que ya he expuesto

sobre todo en los Aperçus.[50] Estoy complacido con este resultado que, ahora, me da la seguridad de que el trabajo que he hecho y al que he consagrado mi vida entera, no se verá perdido.[51]

¿Cómo no poner de relieve esa condición de admisión, tan peculiar, como si de un hierofante se tratara, de un conocimiento suficiente de *su* obra?... Uno de sus iniciados llegó a afirmar de ese constitutivo 14/04/1947: «*con la ayuda de Dios ese día será quizás más importante para la Masonería que el de la proclamación de las Constituciones de Anderson*».[52] Con lo que se afirma de paso nuestra propia tesis, a saber: que la Masonería iniciática y especulativa, la constituida por miembros *aceptados* (no subsistiendo por otra parte ninguna otra) data del primer cuarto del s. XVIII, y ni un día antes.

# Jesuitas

Con sus inmensas posesiones, España todavía pesaba. Los jesuitas pesaban en España, aunque pronto apareció el contrapeso: la Nación tenía por primera vez, con Carlos III, un rey verdadera-

---

50. René Guénon, *Aperçus sur l'Initiation*.
51. *Il s'agit d'une loge destinée à demeurer très fermée (une des conditions d'admission est une connaissance suffisante de mon œuvre) et où l'on se propose spécialement d'appliquer, dans toute la mesure du possible, les vues que j'ai exposées, notamment dans les Aperçus. je suis heureux de ce résultat qui me donne maintenant la certitude que le travail que j'ai fait et auquel j'ai consacré toute ma vie ne sera pas perdu.*
52. cfr. René Guénon, *Cahiers de l'Herne*, 1985. Ídem para el resto de referencias de este párrafo.

mente ilustrado. Acusados de fomentar el motín de Esquilache; acusados en Portugal por el marqués de Pombal de haber preparado el atentado contra el Rey José I, etc. y cargados como estaban de bienes y pertenencias que alguien había de incautar, por la Pragmática del 27 de Marzo de 1767, preámbulo de la disolución pontificia de la Orden, y

*Sello de la Compañía de Jesús*

entre los aplausos de los círculos ilustrados, se decide en España y la expulsión de los jesuitas de todos sus territorios empezando por los de ultramar. El Conde de Aranda se ocupará de ello, y 2.617 jesuitas serán expulsados. El ejemplo cundió como bola de nieve, rodando por Europa cuesta abajo. Pronto se sumarán a la iniciativa los ministros Pombal en Portugal, Choiseul[53] en París y Tanucci en Nápoles. Tanto fue el contubernio de los Borbones para acabar con la poderosa Compañía de Jesús.

Entre sus pecados imperdonables contaba el tema de las Reducciones jesuíticas del Paraguay, esas repúblicas autárquicas o falansterios de los indios guaraníes que, aun pagando tasas a la Corona, vivían libres del invasor europeo y sus altas torres. Hasta su expulsión, los jesuitas llegaron a crear y administrar 30 pueblos o falansterios autónomos a orillas del río Paraná. La asombrosa epopeya, única, dio lugar a una película famosa. Se impuso el rodillo de la Corona con ayuda del enemigo vecino (las colonias portuguesas) y la anuencia del Papa. Aquellas reducciones fueron ya las *«ciudades perdidas del Paraguay»*, persistiendo sus ruinas que, ¡oh Fabio!, son los verdaderos campos de

---

53. El famoso y afeminado cortesano abate Choiseul, que acostumbraba pasarse de afeites y vestir de mujer…

*Reducciones jesuísticas*
*de Santa Trinidad de Paraná*

soledad y el mustio collado de que te hablaban.

Paraguay era una provincia jesuítica grande como Europa poblada de indios guaraníes, y las «reducciones» eran verdaderos pueblos con una gran plaza. La Iglesia era el edificio más importante, seguido de la escuela en la que impartían una verdadera formación humana y religiosa. Comunidades libres, aisladas, y a salvo de la inmoralidad común entre los europeos, cada indio tenía sus propiedades personales y su intangible privacidad. Así fue durante los larguísimos años de una experiencia única. 50 o 60 jesuitas encuadraban más de 140.000 guaraníes evangelizados y felices.

Felices, salvo las razzias de los *bandeirantes* portugueses que capturaban miles de indios para venderlos como esclavos; salvo la actitud de los *encomenderos* españoles que tampoco los trataban mejor… Tras la inicua expulsión de los jesuitas, los desolados guaraníes retornaron a la selva o emigraron a Buenos Aires, ejerciendo los oficios artesanos que habían aprendido con ellos.

Esta sola experiencia salva a la Compañía de cualquier ataque sañudo de iluminados, masones o de la misma sociedad civil, incapaces todos de emprender tanto.

La Pragmática real por la que se expulsa a los jesuitas basa su decisión en:

- El régimen independiente y, según las autoridades, despótico de las reducciones del Paraguay.
- La constante intromisión en política.
- La crítica en las reuniones contra la Autoridad Real y Gubernamental.
- La participación en rebeliones indígenas.
- La predicación en Manila contra el gobierno.

Concurrieron muchos otros «pecados», algunos tan imperdonables como la influencia y el poder jesuítico como confesores y educadores de la nobleza. La mayoría de los colegios europeos pertenecía a la Compañía, lo que tampoco perdonaban los institutos civiles. Y eran, antes de la letra, una «prelatura» personal con dependencia directa de la Santa Sede, al margen de los ordinarios del lugar.

Designada la víctima sacrificial había que ordenar el sacrificio, la disolución de la Orden por el Papa Clemente XIV. Previamente, en Enero de 1979, los embajadores de las cortes borbónicas en Roma habían ya pedido formalmente dicha disolución a su antecesor en la Sede de Pedro, Clemente XIII, causándole un ataque de apoplejía que le llevó a la tumba el 2.II.1769.

Al amparo de una mala fama colosal debida a la envidia, el maremoto que se monta en Europa por la cuestión jesuita adquirió volúmenes de sunami japonés. ¿Cómo hacerse perdonar el éxito y la perfecta organización que todos copian? ¿Acaso se podrían sumar otras razones intrínsecas, relacionadas con supuestas desviaciones doctrinales?

En sus Constituciones y en su praxis se dan características novedosas bajo un punto de vista sociológico y antropológico. A veces parecen inaugurar las técnicas de los lavados de cerebro. En doctrina moral se puede hablar (y se hablará) del puro cinismo jesuítico, mezclado con un oportunismo salvaje. El fin justifica los medios.

Una historia ficticia que se superpone y recubre la objetividad de los hechos y las intenciones que los motivaron. Se disparó en Europa la leyenda negra. Incitadores en las trastiendas, iglesia independiente dentro de la Iglesia, los jesuitas habrían sido plagiados por todas las sociedades secretas del planeta. Pero ha llovido. Los jesuitas hoy, son los jesuitas de hoy. Asumen la grandeza de su propia historia. Tienen el derecho a ser juzgados por su íntima verdad, que es la de sus santos. Pero ahora nos ocupamos de los Iluminados de Baviera, con un fundador obsesionado por la Compañía cuyos entresijos imita para su Orden. Además, habría recibido en su seno algunas órdenes sagradas, que algunos estudiosos identifican con el sacerdocio (lo que no es) y otros con una supuesta tercera orden jesuita (que desconocemos).

Gaston Bally desde el prefacio mismo de su trabajo[54] nos da el tono general:

> [...] desde hace tres siglos la «cuestión jesuita» está de actualidad, y desde 1650 no ha cesado de ser una cuestión palpitante. Y hoy, quizás, más que nunca. Es preciso que las masas profundas se den cuenta del fin de la Compañía de Jesús. Que se sepa el mal que han hecho; los crímenes que han cometido. Es preciso tener conciencia de que constituyen un peligro real y permanente para la sociedad laica, cuya ruina persiguen con una tenacidad nunca desmentida. Es preciso que los

---

54. *Les Jesuites –précis d'histoire.* Ed. Chambery, París, 1902.

que han conservado el amor a Cristo, vean lo que han
hecho de la religión del gran Crucificado del Gólgota y
a dónde le han conducido: al umbral del abismo...

Se les reprocha la terminología militar, el nombre de
«Compañía» y, para su jefe, el título de «General». Sus miembros no van a ser pacíficos monjes contemplativos,[55] sino soldados a la conquista del Mundo, gobernados por ordenanzas militares, con una la obediencia ciega al mando. Alfonso Rodríguez cuenta que, para Loyola, se trataba de una compañía de soldados destinada a luchar contra la herejía y el vicio, renunciando para ello al Coro, a la *lectio divina* y demás observancias propias de los religiosos. A imagen de la caballería ligera, la Compañía debía estar siempre preparada para cargar contra los enemigos y defender a los hermanos.

La Compañía lo es de soldados –declara Suárez– y a su cabeza se encuentra el General que exige una obediencia absoluta, asumida por la inteligencia. Es quizás el aspecto más conocido. La Orden se mezcló con la política, creaba registros de los soberanos y de los gobernantes, manipulaba a placer las conciencias femeninas... Todo ello y más viene instrumentado en los *Monita secreta Societatis Jesu*, panfleto cuya existencia siempre se ha negado. Evidentemente la difamación tiene la piel muy dura.

El fin justifica los medios *ad majorem Dei gloriam*. Para Victor Charbonnel[56] y algunos otros, esta conocida divisa estaría

---

55. No son una Orden monástica. El Concilio de Trento los llama «la
Orden de los clérigos de la Compañía de Jesús».
56. vide *L'origine musulmane des Jésuites*. Librerie Cefaulx, 1888.

tomada directamente del Corán, donde la podríamos encontrar, así como la confusión entre el poder temporal y el poder espiritual, puesto aquél al servicio de éste, subordinándose conciencias y voluntades. También Charbonnel presta a los jesuitas un origen musulmán. Ignacio de Loyola se habría inspirado en algunas congregaciones y cofradías tales como las de los *quadryas* y los *chadelyas*. La primera, del s. XII, fue fundada en el Asia Menor por Sid-Abed Quader, de donde el nombre. Sus descendientes la introdujeron tempranamente en España/Al Ándalus, subsistiendo hasta el s. XVI; y en cuanto a la secta de los *chadelyas*, fue abierta por el español Sid-Abú-Hassan el-Chadely. Los miembros de ambas congregaciones son sufíes sometidos a una regla común, y practican el *dikr*, la cantinela que repite incansablemente los nombres divinos. Abandonan su voluntad a un jeque que gobierna el conjunto de la congregación, y a los *moqadems* que rigen las *zauiyas* o monasterios. Ignacio de Loyola –sostiene V. Charbonnel– habría estado en contacto directo con estas congregaciones musulmanas, inspirándose en sus reglas y rituales para la fundación de la *Societatis Jesu*.

Sin embargo no hay rastro de ello ni en la *opera omnia* del de Loyola, ni en los Ejercicios, ni en las Constituciones, ni en la Vida, ni en la muy abundosa correspondencia. Todo lo hemos consultado.

Charbonnel pretende probar su imputación. Se fundamenta en analogías relativas, 1° al método de iniciación;[57] 2° a la organización interna; 3° al concepto de autoridad; 4° al espíritu y a los fines.

---

57. Para saber de qué se trata es interesantísimo el libro de Furio Monicelli, *Lágrimas impuras*. Ed. Alfaguara 2000.

Texto musulmán: «*Serás entre las manos de tu jeque como el cadáver en las manos del lavador de muertos*»[58]. Da como referencia la obra del jeque Si-Snussi, que es anterior a la redacción de los Ejercicios y de las Constituciones ignacianas. Texto de Loyola: «*cada uno de los que viven en obediencia se debe dexar llevar y regir de la divina Providencia por medio del Superior, como si fuese un cuerpo muerto que se dexa llevar adondequiera y tratar como quiera...*»[59] En las últimas recomendaciones ignacianas dictadas poco antes de su muerte, expresa: «*debo ponerme en las manos de Dios, y en las del superior que me gobierna en Su nombre, como un cadáver que no tiene inteligencia ni voluntad*». Es el famoso *perinde ac cadaver* que caracteriza a la obediencia «perfecta por partes, ya en la *ejecución*, ya en conformar tu *voluntad* y *juicio* con la voluntad y juicio del Superior, *siempre viendo en él a Cristo* y hacerlo sólo por obedecer y no por propio gusto»[60]. Hoy ya no es tolerada, privilegiándose la decisión propia «en conciencia». Pero no hay duda: la obediencia ciega ha sido el motor indispensable para la eficacia de la Compañía, como es indispensable para la eficacia de los ejércitos.

Es lo que quería Weishaupt para su Orden, que modeló sobre la de sus anteriores maestros, los jesuitas, pero de tal

---

58. ver también en http://aj.garcia.free.fr/geographie_alg/htm: «*C'est ainsi que les khouan* [los sufíes] *d'une confrérie doivent être* «*entre les mains du cheikh, comme le cadavre entre les mains du laveur des morts* ; «*sicut ac cadaver, disent aussi les règles de certains ordres chrétiens*».

59. *Constituciones de la Compañía de Jesús*, part. 6ª, cap. 1°. Véanse las *Obras completas de San Ignacio de Loyola*, ed. BAC 1963.

60. cfr. P. Francisco Javier de Idiaquez S.I., *Prácticas espirituales para el uso de los Hermanos Novicios de la Compañía de Jesús*, Imprenta del Corazón de Jesús, 1894.

modo que en lo que en esta última producía efectos perniciosos —decía— los produjera saludables en la suya. Si los jesuitas imponían una norma, él haría lo mismo. De modo que sus estatutos obligarán a una obediencia ciega, exigiendo, en ciertos casos, la confesión oral. Impondrá el chivateo y la delación, viendo un eufemismo en la jesuítica *corrección fraterna* (que es práctica corriente en las diferentes órdenes religiosas). Había que emplear todas las fuerzas para atraer a la sociedad a los hombres poderosos y obtener así una clara influencia en los asuntos públicos. No tardó esta ambición en poner en peligro a la institución. Fue entonces cuando Weishaupt, para salvar lo salvable, concibió el proyecto de reunirlos en la francmasonería. Se celebraron negociaciones a este efecto, pero en el momento en que se iba a llevar a cabo la fusión, se produjeron vivas discusiones entre los asociados.

Sólo se da a los ricos. También se implicó a la Compañía en la creación o inspiración de determinadas obediencias masónicas, supuestamente modeladas a su imagen. En el *Symbolisme* (número de marzo) Albert Lantoine escribe una bastante curiosa «*Apologie pour les Jésuites*», haciendo notar que las acusaciones que algunos lanzan contra ellos son idénticas a las que otros lanzan contra la masonería.[61]

Extinguidos por Decreto pontificio, los jesuitas se perpetuaron (públicamente) en la Santa Rusia. Fueron acogidos por Catalina la Grande (1729-1796), que no quiso acusar recibo del Decreto papal.

---

61. Vide René Guénon, *Études sur la Franc-Maçonnerie et le Compagnonage*, Editions Traditionnelles, París 1977 (2 Vols.).

Pero aquí nos referimos a otra supervivencia, sulfurosa, si realmente fueron la «*Clase Eclesiástica de la Orden Interior del Régimen de la Estricta Observancia*»,[62] a saber, si estuvieron en el origen mismo de la *Estricta Observancia*. Las imputaciones van más lejos. Se les ha atribuido el grado masónico de *Rosacruz*, e incluso la autoría de la misma Orden R+C (como ya vimos antes en relación con la «*Rosa Jesuítica*»). No se privan de ver en las iniciales S.I. (*Societatis Jesu*, que designan a la Compañía y a cada jesuita en particular), la referencia auténtica, en la Estricta Observancia Templaria y en el Martinismo, a esos míticos S.I. o Superiores Desconocidos (*Supérieurs Inconnus*), fueran éstos humanos o no humanos. De modo que los S.I. serían los S.I. «un único y el mismo cuerpo, uno de ellos entrando en latencia para emerger más tarde como si fuera el otro», –decíamos antes.

Y no se acaba. Algunos ocultistas contemporáneos –Guénon *dixit*– sostienen que los verdaderos sucesores de los Templarios fueron los jesuitas. Habrían asumido el plan de venganza contra la Monarquía francesa. Habrían sido los inspiradores y los jefes secretos de los *Iluminados de Baviera*.

En un artículo publicado en la R.I.S.S[63] A. Martigue indica: «No hay que olvidar al estudiar a los Iluminados, que Weishaupt ha sido alumno y después profesor con los jesuitas, y que (deformando, por supuesto) se ha inspirado, para el servicio del mal, «*en los métodos que los RR. Padres de Ingolstadt*

---

62. Dixit Franciscus, *Eques a Capite Galeato* (era un mandatario o *missi dominici* de los misteriosos S.I.). cfr. René Guénon, op. cit., tomo II, p. 190.
63. *Revue Internationale des Sociétés Secrètes –Organe de la Ligue Franc-Catholique. Contre les Sociétés Secrètes Maçonniques ou Occultistes ou leurs Filiales – Partie Occultiste paraissant le 1er de chaque mois.*

*aplicaban para el bien con tanto éxito... salvo cuando los utilizaron para formar a Weishaupt y a sus primeros discípulos».*

A la muerte de Loyola, diecisiete años después de la fundación de la Compañía (el tiempo mismo que duró la Orden de los *Illuminati*), contaban con 12 provincias, 100 establecimientos y 1000 miembros. En 1626 las cifras se habían elevado a 39 provincias y 22.589 miembros. En tiempos de Weishaupt los jesuitas dirigían la enseñanza teológica y filosófica de más de ochenta universidades.

Es también lo quería Weishaupt para su Orden: una similar propagación planetaria.

Además de acusar a los jesuitas de ese perverso principio que dice que el fin justifica los medios, se les atribuyen otros dos principios con los que justificar cualquier cosa. El primero, resultado de la disputa entre probabilistas y probabilioristas. Desde principios del s. XVIII los jesuitas fueron los campeones del probabilismo. ¿De qué se trata?

En teología moral el probabiliorismo enseña que en caso de duda y en materia grave se debe seguir la doctrina «más probable» (lat. *probabilior*). Ahora bien, puesto que el hombre puede dudar indefinidamente, la prudencia misma exige, para evitar el pecado, atender exclusivamente a lo que con mayor probabilidad lo evita. La postura probabilista piensa que basta con una sola opción de que la materia no sea grave, para poder ejecutarla. El resultado es que no hay que tener nunca nada por pecado mortal, salvo que exista la seguridad completa e indudable de que sí lo es.

Ello abre la puerta a la famosa «casuística» jesuita, que puede llevar hasta sus últimas consecuencias los principios probabilistas.

Pero además a todo ello se le une un segundo principio: la práctica de la «restricción mental» que permite actuar según el interés, y salvaguardar al mismo tiempo la conciencia. El resultado es que puedo inhibir mi conciencia, si el fin que persigo lo vale.

Se lo aprendió muy bien Adam Weishaupt. Se puede cometer una mala acción si las intenciones son buenas. Se puede mentir por omisión, vale le restricción mental, etc.

En 1773, presionado por los gobiernos de España, Francia y Portugal, el Papa Clemente XIV decretará la abolición de la Compañía. También hemos dicho que se mantuvo en Rusia, donde Catalina II la Grande impidió la publicación de la Bula pontificia. El clamor popular a favor de los jesuitas sobre todo en los terrenos de la educación y de las Misiones, llevó al Papa Pío VII a restaurar la Orden en 1814. Sin duda purificada...

# Capítulo II
# Los Iluminados de Baviera

a nota característica de los Iluminados de Baviera, *Illuminati* u *Ordo Illuminatarum*, es que no se reclaman de un mítico antecesor fundacional que les dé legitimidad, sino simplemente de la voluntad personal de un fundador contemporáneo, Adam Weishaupt. No es un anónimo que se pierde en cualquier pasado, sino que nace con nombre y apellidos. Es algo verdaderamente atípico y moderno.

Adelantándonos a lo que pueda venir luego, diremos desde ya que enseñaba una filosofía anticlerical, cosmopolita y revolucionaria. Pretendía derrocar los gobiernos establecidos y suprimir la idea de patria, así como la magistratura y la religión.

Weishaupt creó en 1776 una sociedad secreta que, en primer lugar, se llamó la *Orden de los Perfectibilistas*, y después, la *Orden de los Iluminados*. He aquí en qué términos definió los fines «públicos» de esta sociedad, y el espíritu que debía animar a sus miembros: «*con vistas a un alto interés y con un lazo duradero, reunir a hombres instruidos de todas las partes del globo, de todas las clases y de todas las religiones, pese a la diversidad de opiniones y pasiones. Hacer que amen ese interés y ese lazo hasta el punto que, reunidos o separados, obren todos de consuno; como un solo hombre. Que pese a sus diferentes posiciones sociales, se traten recíprocamente como iguales, y que espontáneamente y por convicción, hagan lo que no se puede conseguir por ninguna coacción pública desde que el mundo y los hombres existen».*

# Adam Weishaupt

Alumno de los jesuitas que dominaban el panorama de la educación juvenil bávara, e hijo de judíos conversos, Adam Weishaupt[64] hablaba italiano y checo, sin privarse del hebreo, para cuyos estudios le ayudaba su padre. Se ha dicho que fue ordenado sacerdote jesuita. No es cierto. Otros opinan que fue *terciario* jesuita. Habría ingresado en la supuesta orden tercera durante los años de formación dentro de los tutelares muros de la Compañía. Más cierto es que los Padres, vista su evidente inteligencia, lo admitieron en una de sus congregaciones piadosas que todavía continúan en sus colegios, la Congregación Mariana (que ya existía en la época: la *Marianen Academy*[65]) o con los Círculos de San Luis. Sus fines son *«fomentar y acrecentar en la juventud la devoción a la Virgen Santísima, formar cristianos que traten intensamente de su*

---

64. Para los datos que ofrecemos hemos utilizado diversas fuentes, sin que podamos privilegiar especialmente ninguna.
65. *«In the beginning of 1783, tour professors of the MARIANEN ACADEMY, founded by the widow of the late Elector (…) were summoned before the Court of Enquiry, and questioned on their allegiance respecting the Order of the Illuminati»…* cfr. Robison, op. cit, p. 60.

*salvación, y (...) defendiendo a la Iglesia de los ataques de la impiedad; y proporcionar a los jóvenes congregantes un lugar seguro de instrucción y de honesto recreo, donde puedan conocerse, tratarse y estrechar los vínculos de amistad».*

Los alumnos de estas congregaciones tienen su propia jerarquía, sus locales, reuniones, conferencias y enseñanzas. Son, o han sido, la flor y nata de los colegios, y a una de ellas perteneció sin duda Adam Weishaupt, que quizás fue, además, *Príncipe* del suyo. Tuvo mucho que aprender sobre qué significa comer aparte, sobre elitismo, mando, superioridad, prestigio y organización, por un lado. Pero, por otro, porque en la misma calle, provenientes del occidente peninsular, soplaban malos vientos para los soldados de la ignaciana Compañía. La *Aufklärung* estaba ya en las puertas.

Con tanta brillantez y facilidad para proseguir el jesuítico *ratio studiorum*, los Padres lo tenían en su punto de mira. Ya lo veían ocupando las más altas funciones en la Compañía. Weishaupt admiraba la discreción y el secretismo, la lealtad interna y la estricta obediencia jerárquica entre los Padres. Les salió rana. Al

*Placa conmemorativa de la fundación de la Universidad de Ingoslstadt*

menos, tras sobresalientes estudios es nombrado, con 20 años, profesor de Derecho Canónico de la Universidad de

*Universidad de Ingoslstadt*

Ingoldstadt. Ingolstadt era, desde el S. XVII y antes, el gran centro jesuítico en el corazón de la Alemania católica. Allí se publicó en 1621 una obra llamada *Palma Triumphalis*, o los «Milagros de la Iglesia Católica», de Frederic Fornerus. El autor, un obispo, se mofa de la Hermandad Rosacruz a causa de los pomposos títulos que se dan a sí mismos, por decirse divinamente inspirados para reformar al mundo, poder restaurar todas las ciencias, transmutar metales y prolongar la vida humana. Weishaupt tenía que conocer a la fuerza este trabajo episcopal.

Apuntemos: con 20 años profesor de universidad; con 28 años crea su Orden de los Iluminados de Baviera, una Orden el servicio de su ambición. Buscamos paralelos. Cuando D. José María Escrivá funda el Opus en 1928, tiene 26 años. Todo indica que la pone a su propio servicio: las órdenes religiosas están al servicio de la Iglesia de Cristo, aunque en el caso del Opus Dei se diría muchas veces que tiene que ser al revés. Nadie, ni siquiera el Papa, estaba por encima del «Padre», que dejaba caer entre sus más próximos que hablaba directamente con Dios...[66]

---

66. cfr. el apasionante trabajo de María del Carmen Tapia, *Tras el umbral. Una vida en el Opus Dei*. Ed. B, 1994.

Uno con 28 años. El otro con 26. Conocemos gente que de súbito queda catatónica ante el espectáculo de la precocidad. ¿Acaso son gigantes? ¿Quién era uno mismo a los 20 años?

La respuesta no es evidente, pero el camino de todos quiere que con 20 años uno esté muy ocupado relajando su musculatura o contemplando, *ánimo concupiscente*, los diversos panoramas. Para precoces como los citados no hay más panorama que su propia idea o su ambición. Su pensamiento es performativo. Lo performativo es un enunciado lingüístico que no describe una realidad, sino que la crea. Weishaupt sueña desde su adolescencia con crear y dirigir su propia sociedad iniciática, y a él como iniciador. Sólo que su sueño es performativo: él, pasa al acto. Se le añade pronto el nutriente de un odio feroz a los jesuitas (las razones quedan en el secreto de sumario; ni siquiera podemos insinuar nada), apoyado por un anticlericalismo militante. Y se convierte al deísmo y al maniqueísmo, esto es, al paganismo.

De modo que, sin cumplir con el expediente previo de integrarse en alguna cadena u orden sagrada, Adam Weishaupt decide un buen día cuál será su misión y cuál su ámbito, y funda los Iluminados de Baviera. Nada previo, sino una ambición y quizás una revancha. De entrada, su admiración adolescente por los jesuitas de quienes es alumno muy aventajado. Con 20 años es ya profesor universitario. Pero eso de *los Iluminados* es de mucho antes; como desde siempre, desde aquella adolescencia ardiente. Se ha construido un universo mental al servicio de sus codiciosos apetitos, un sistema tanto o más poderoso que el jesuítico. Lo pone en marcha en 1776. Tiene 28 años.

Todo confluye. Domina los entresijos de su modelo, la Compañía de Jesús, por entonces prototipo para cualquier organización humana; modelo a destruir una vez enucleado. Pone en movimiento odio y oportunismo, oportunismo porque en el colmo de su poder, sujeta ya a la expulsión en algunos países, la Compañía está en las vísperas de su disolución por el Papa. Odiarla va en la dirección del viento. Ahora bien, la Compañía es de Jesús, que dijo, *yo soy la luz del mundo*. Pues bien, su secta será de los *iluminados*. Burla y parodia. Cierto que el Iluminismo, como corriente de pensamiento básicamente de inmanencia, como tipo de teosofía y como oposición a Roma, estaba de moda. Jacob Boehme, Swedenborg y demás teósofos iluminados, eran excesivamente conocidos en la región. Ahora bien, nada tan distinto como los contenidos que da Weishaupt a su *Ordo Illuminatorum*.

Un mismo concepto y diferentes e independientes contenidos es fuente de confusión. Para algunos, el término weishauptiano de *illuminati* no tiene que ver con la teosofía de los iluminados –tan de boga en su época– sino con su *odium theologicum*, y con su extemporánea adhesión al maniqueísmo, al dualismo, al panteísmo. Sus socios van a creer que se han adherido a una nueva sociedad iniciática, llena de vigor, llamada a cambiar al mundo. Pero aquellos pocos de los suyos reclutados para formar con él el «areópago», van a estar verdaderamente *iluminados* por el *portador de la luz, lucifero* o Lucifer.

Su prototipo en la Compañía, y con el de «*Iluminados de Baviera*» ya tiene el nombre nuevo y acreditado que hacía falta. Designación y prototipo. Si añadimos carisma y personalidad, facilidad conceptual y de palabra, y –más importante todavía– lo que podríamos llamar *l'étoile au front*, tendremos los ingredientes para ligar la salsa que avive la sibarítica patena. Quedará por alistar, del otro lado, la clientela. Unos cuantos oportunistas, y la parroquia, que no faltará, de candorosos aspirantes.

En frente la Iglesia, universal, católica y la Masonería, iniciática, de *clase*, cooptativa. Ambos, institutos que se sienten destinados a encargarse del género humano. Ambos son institutos; Weishaupt es un solo individuo, pero se siente internamente misionado para lo mismo; no como un Voltaire, pues es cierto que Voltaire tanto como Rousseau, revolucionarios de primer cartelo, eran unos conservadores de tomo y lomo cuando decían muertos de miedo: «No hablemos alto, que no nos oigan los criados»;[67] no como ellos que limitan la acción a sus sermones, sino que Weishaupt pone las manos en la masa.

De modo que desde 1771 Weishaupt decide fundar una sociedad secreta llamada a transformar la condición humana. Es preciso asignarse un nombre iniciático, como se practica en numerosas órdenes religiosas. Se dotará con el de *Spartacus*, lo que es tanto o más coherente. Espartaco fue quien dirigió la revuelta de los esclavos, y a punto estuvo de echar por tierra el poder imperial romano. Serge Hutin[68] nos

---

67. cfr. Pedro Pidal, Marqués de Villaviciosa de Asturias, «*El FILIOQUE – Monarquía del FILIOQUE Republicana Nacional, o de Don Alfonso XIII*». Ed. Ramona Velasco, Madrid 1931. Que sólo citamos por puro placer.
68. Op. cit.

recuerda que el Espartaco romano tenía un ideal extraordinariamente moderno para la antigüedad: la sociedad de hombres libres, sin amos ni esclavos, sin diferencias sociales ni distinciones de fortuna.

El hecho es revelador y es el siguiente: no opta por el nombre de algún fundador mítico, filósofo clásico u otro, sino por el de un revolucionario. Es una clara declaración de intenciones.

Será, haciendo un guiño a los cátaros o *perfectos*, maniqueos como él, la *Orden de los Perfectibilistas*, que, como toda sociedad que se precie, se ordenaba en diversos altos: novicios, minervales (reclutados entre los masones), iniciados, iluminados, aeropagitas, etc. (véase Anexo I). Pronto pasó a ser definitivamente la *Orden de los Iluminados*, para quien declara cinco propósitos socialistas, revolucionarios, pero muy poco iniciáticos:

1º La abolición de la monarquía o cualquier otra forma de gobierno.
2º La abolición de la propiedad privada y de los derechos sucesorios.
3º La abolición del patriotismo y del nacionalismo.
4º La abolición de la familia y de la institución del matrimonio, estableciendo un sistema en comuna para la educación de los niños.
5º La abolición de las religiones.

La estrategia de Spartacus habría de convertirse, con el tiempo, en el modelo inspirador de todas las sociedades afines; precursor de los movimientos que fomentan un *nuevo orden*.

Esa estrategia está perfectamente adaptada al fin que persigue: reclutamiento en los círculos oligárquicos; rígida jerarquización interna; autoridad restringida a Adam Weishaupt y a su areópago; agitación ideológica fundamentada en los señuelos humanistas, filantrópicos y democráticos, etc. Y realmente ha ganado su apuesta si lo que vemos tras él, en nuestros días, es un *post hoc*.

El reclutamiento sería por cooptación; al principio de un movimiento no hay otra manera: hay que convencer a alguien, y así cayó en las redes el primero y más importante de ellos, el barón Adolf von Knigge. Posteriormente, de todos modos, no se había de admitir solicitudes, pues sólo interesaban las personas influyentes, de posición elevada. Contradiciendo su utópico programa y declaración de intenciones, su Orden no fue nada democrática ni igualitaria, lo que también podemos predicar de la Masonería, y sus principios de Igualdad, Fraternidad... El complejo de Procusto nunca estuvo a la orden del día.

Hubo un incidente que acaso puso en duda su honor de caballero. Su amante se quedó preñada, insistiendo para que le pagara o se casara con ella. Adam Weishaupt miró para otro lado, pero la mujer le amenazó con hacer público su estado con el consiguiente escándalo.

Con estos presupuestos se comprende que Weishaupt perdiera, con toda rapidez, su trabajo universitario. Pasaron pocos años. Tras una muerte mal aclarada que acaso sirvió de pretexto, fue detenido por la policía bávara y desterrado. Según otros, huyó a caballo a Regensburg, donde tropezó con la misma hostilidad. Asentó por fin sus tiendas en Gotha. Allí contó con algunos apoyos y con el mayor de todos, el del Duque Ernest de Gotha, de modo que vivió tranquilamente y enredando cuanto pudo. Escribió una serie de trabajos sobre el Iluminismo, como *A Complete History of the Persecutions of the Illuminaty in Baviera* (1785), *A picture of Illuminism* (1786), *An Apology for the Illuminati* (1786) y *An improved System of Illuminism* (1787). Parece importante apuntar para el devenir de su Orden, si acaso lo tuvo, que mantuvo correspondencia con Willermoz y los Iluminados de Lyon. Falleció en Gotha el 18.XI.1830.

# Illuminati

Baviera era especialmente católica, clerical, jesuítica y aristocrática. La ciudad de Ingolstadt, cuna de Weishaupt y de los Iluminados, se encuentra a orillas del Danubio, a unos sesenta y cinco km al norte de Múnich y unos cuarenta y ocho al sur de Regensburgo. Su historia comercial y cultural se remonta al s. IX, destacando en su urbanismo el castillo ducal, la Catedral de Nuestra Señora y la Iglesia de Santa María de la Victoria. Durante siglos fue la sede de los Duques de Baviera, hasta que en 1800 se establecieron en Múnich. Tuvo universidad desde el siglo XV que igualmente, en 1880, se trasladó a Múnich. Su población actual, a comienzos de este siglo XXI, es de 90.000 habitantes.

Si durante el s. XVI la rama del Palatinado se adhirió a la Reforma, la de Baviera continuó católica y fiel al Emperador. Es en este caldo de cultivo bávaro, siendo el 1° de Mayo de 1776, donde va a surgir la muy anarquista, sofista y gnóstica Orden de los Iluminados de Baviera.

*Orden de Los Iluminados de Baviera,*
*fundada en 1776*

Baviera contaba entonces más de 25.000 iglesias, y Múnich, por entonces con 40.000 habitantes, tenía más de 19 conventos o monasterios. El poder de los jesuitas era omnipresente, siendo un verdadero baluarte de la contrarreforma. Sin embargo también fue la sede de ese intento hostil –los Iluminados de Baviera– que estimulaba el internacionalismo y se afanaba por el fin de la era de las Naciones, actuando contra el altar y contra el trono, sus pilares... en ello precursor de lo que vivió con plenitud el siguiente siglo. No importa que no hubiera relación causa-efecto, y que los sucesos acaecieran llevados por su propio impulso. Hubieran sido unos visionarios.

En contra de la Renania protestante, Baviera era, como sigue siendo, un bastión de los católicos. Pese a esta evidencia, según nuestro protagonista Adam Weishaupt,[69] el deísmo, la apostasía y el ateísmo eran más evidentes en Baviera

---

69. A. Weishaupt, *Apology of Illuminatism*, Múnich 1786, in-8°.

que en cualquier otro lugar que hubiere frecuentado. Lógico: contra el fondo de la Reforma, cualquier contraste será forzosamente más desvaído.

Si atendemos a los decires de «un caballero de la rosa creciente»[70] en su domicilio de París el 19.12.1899, y con el que coinciden todos, la *Sociedad de los Iluminados* fue fundada hacia 1776 por un cierto Weishaupt, profesor en la Universidad de Ingolstadt, en Baviera.

*Escudo de Los Iluminados*

Para algunos era una persona más iluminada que ilustrada. A la prueba del nombre de la fundación que emprende se remiten. Mejor atendemos a su cultura clásica, conocimiento de lenguas vivas y muertas, y posesión plena de la jesuítica *ratio studiorum*[71] en toda su profundidad; a su meteórica carrera. Todo ello habla de otra realidad. No había excitación de neuronas que lo iluminara. Ciertamente era una persona muchísimo más ilustrada que iluminada.

Emergió la Orden con fines claros, no evidentes ni confesados sino para la reducida élite, y por supuesto sustraídos a

---

70. Véase Franz Von Baader, *Les enseignements secrets de Martines de Pasqually*, Charconac, París, 1900. La obra de Von Baader ocupa sólo 36 páginas numeradas de la 1 a la 36, mientras que la introducción, a saber, la *Nouvelle notice historique sur le Martinésisme et le Martinisme*, que suscribe el citado Caballero, y en este caso en p. LXXX, ocupa 192 páginas numeradas de la I a la CXCII.

71. El *ratio studiorum* (distribución de los estudios, asignaturas y materias) que crearon los jesuitas, ha sido, en el Occidente católico, la fuente del bachillerato hasta ayer mismo... pues hoy, en lo que concierne a los planes de estudio, parece haber sobre todo una gran confusión...

cualquier publicidad. Fines nunca desmentidos. Acabó la Orden tan abruptamente que no hubo posibilidad de defensa.

Aquellos «algunos» de antes le atribuían un celo enorme no entrecomillado por el bien de la humanidad. Disentimos una vez más. Es más fácil adivinar, en sus agitaciones y cogitaciones, la ambición política revolucionaria y manipuladora que le domina.

Se aprovechó de su situación de profesor para reunir *privatissime* un pequeño grupo con el pretexto de una repetición. Les expuso entonces el resultado de sus investigaciones filosóficas. Les invitó a leer a Bayle, Jean-Jacques Rousseau y otros autores, y a ejercitarse en considerar los acontecimientos de la época con ojos críticos. Les aconsejó la mayor prudencia y discreción, prometiendo a cambio un nivel de *luz* muy elevado.

Les llamó «los Iluminados», nombre anterior de prestigiosa estela. Manejó también el concepto de *Superiores Desconocidos*, propio de la Estricta Observancia. Comunicó sus proyectos a algunos confidentes que constituyó como sus enviados con el grado de *areopagitas*. Convino con ellos que él sería el jefe, el *Illuminatus Rex*, el «superior desconocido» (o «S.I.» –el *jesuita*– según hemos vistos antes), porque sólo será conocido por ellos mismos y pocos más; quienes a su vez no serían conocidos sino por sus discípulos más inmediatos... Éste que podría haber sido un club de estudiantes, se extendió más tarde sorprendentemente bien, admitiéndose miembros extranjeros, y recibiendo Eichstdœt y Múnich instituciones análogas.

Tenemos muchos testimonios sobre los hechos, incluso de la desmedida pretensión de reclutar entre los jesuitas:

«Era 1777. Weishaupt llevaba ya mucho tiempo planeando establecer una Asociación o una Orden, la cual, llegado el momento, gobernaría al mundo. En su primer fervor y mayores esperanzas insinuó a varios ex-jesuitas la posibilidad de recobrar, bajo otro nombre, la influencia que anteriormente habían tenido, prestando nuevamente grandes servicios a la sociedad y dirigiendo la educación de la élite de la juventud, pero ahora de modo emancipado de cualquier prejuicio civil o religioso. Persuadió a algunos que se le juntaron, pero se retractaron todos salvo dos».[72]

En realidad, entre los llamados de primera hora destaca en primer lugar el Barón Adolf von Knigge (1752-1796), católico (pese a que hemos encontrado fuentes –erróneas– que le dicen protestante) y francmasón con los más altos grados. Escritor.[73] Aportó a su íntimo amigo Weishaupt el enlace contranatura entre la Masonería y los Iluminados, tan ansiado por estos últimos y tan prontamente denunciado por aquellos. *The Order of ILLUMINATI appears as an accessory to Free Masonry. It is in the Lodges of Free Masons that the Minervals are found, and there they are prepared for Illumination. They must have*

---

72. *«This was in 1777. Weishaupt had long been scheming the establishment of an Association or Order; which, in time, should govern the world. In his first fervour and high expectations; he hinted to several Ex-Jesuits the probability of their recovering, under a new name, the influence which they formerly possessed, and of being again of great service to society, by directing the education of youth of distinction, now emancipated from all civil and religious prejudices. He prevailed on some to join him, but they all retracted but two».* cfr Robison, op. cit.

73. Autor de «*Conversaciones con hombres*» 1788, «*Sobre jesuitas, francmasones y rosacruces*», 1781, «*Ensayo sobre la Masonería*» 1784, y «*Contribución a la reciente historia de la Orden de los Francmasones*», 1788.

*previously obtained the three English degrees...*[74] En verdad, no había lugar común entre ambas secretas Sociedades. Además no era cuestión de legítimas bodas –diríamos–, sino una operación de intoxicación perfectamente planificada.

Para ello, la colaboración de von Knigge se reveló indispensable, como introductor altamente titulado en las logias masónicas.

Weishautp le confió su plan para el adoctrinamiento de las masas y la revolución social. Uno y otro eran pájaros de diferentes plumas, y las de Knigge, las de un católico. Es verdad que la Masonería tenía por entonces tan sólo 40 años, y no habían recaído todavía sobre ella las sanciones eclesiásticas que, de todos modos y con toda razón (pese al increíble *affaire* de Leon Taxil), no habían de tardar. Según las mejores estadísticas, por entonces entre un 4 y un 5 % de los masones eran clérigos, algunos de ellos del orden episcopal. La logia de *la Parfaite Intelligence* de Lieja contaba entre sus miembros al Obispo y a gran parte de su Cabildo, de tal modo que los grados superiores masónicos eran a su vez dignatarios de la Iglesia. Espectáculo insólito: durante las tenidas oían impasibles, si no los pronunciaban ellos mismos, conmovedores discursos dignos de Voltaire sobre las supersticiones y la credulidad de las gentes.[75] ¿Debemos pensar caritativamente que lo suyo se limitaba a la crítica *iluminada*, en pro de una higiene mental, de lo único verdaderamente criticable, las supersticiones y la credulidad del pueblo?

---

74. Robison, op. cit.
75. Robison, op. cit.

Para Serge Hutin,[76] Knigge era partidario de las ideas sociales avanzadas, lo que no le impedía ser un apasionado de los antiguos ritos, iniciaciones y esoterismos. De ahí su temprana entrada en masonería, escalando todos los grados. Pero el choque entre el anticlericalismo del *Rex* y el catolicismo de éste, les llevaría más tarde a la ruptura. Weishaupt, el antiguo congregante mariano, acusó a Knigge de *fanatismo* y mojigatería, a saber, de su práctica religiosa; y éste estaba saturado del despotismo del primero.

Sin embargo, así como San Josemaría Escrivá *ut iumentum* tuvo su Álvaro del Portillo (igualmente *ut iumentum*), de diferente modo el furioso anticlerical Adam «*Wieshaupt*» de tan «*sabia cabeza*» (que es lo que significa su nombre), y que más que asno era como ave de rapiña, tuvo su Adolf von Knigge. Queremos decir que en cuestiones masónicas éste era el factótum; el especialista. En efecto, este sincero católico poseía altos empleos, y entre otros, el de Caballero Bienhechor de la Ciudad Santa, que si no nos equivocamos es el último grado del Rito Escocés Rectificado. Su nombre de iniciado en masonería era *Eques a Signo*, el «caballero del Signo», *signo* que no puede ser sino el de la *Hora*, como designando a quien debiera ser un *testigo de la profecía*. Entre los Iluminados su nombre iniciático era *Filón*, con referencia al filósofo de Alejandría coetáneo de J.C. El de *Filón* parece introducir un poco de racionalidad en el resplandor mágico de un *Eques a Signo*. Será Filón contra Eques a Signo quien va a infiltrar a los Illuminati en el tuétano masónico, amén de estructurar la Orden weishauptiana con formas y rituales.

---

76. Serge Hutin, op. cit.

Gracias a sus buenos oficios, Weishaupt fue recibido en la logia masónica *Theodor zum guten Rath* en Múnich, en 1777. Podía al fin trasplantar a la Masonería sus ideales para, de este modo, ser distribuidos a lo largo y ancho del mundo. Juntos fundaron en 1776 la Orden de los Perfectibilistas, prohibida por el Gobierno de Baviera en 1784. También encontramos junto a ellos, en ese momento fundacional, al Barón Xavier von Zwack (*Catón*, como nombre iniciático), que veremos sin duda abundantemente en nuestros anexos. Trabajó para los Iluminados de Baviera en Alemania y en Gran Bretaña.

En esta relación entre masonería e *illuminati* observamos varios niveles de interés. Los Iluminados quieren infiltrar la Masonería por constituir una plataforma amplísima... por tanto para utilizarla, para difundirse gratis por todo el continente. Hay un segundo nivel: lo hacen para «convertir» a los masones y atraerlos a su propio ideario. Un golpe de estado... Sin duda hay todavía un tercer nivel, acaso el más importante, que juega únicamente *pro domo*, por intereses internos de afianzarse la clientela de iluminados: Weishaupt quiere infiltrar las logias masónicas simplemente por su sistema rimbombante de grados, por su magnificencia teatral y esotérico-simbólica con la que encandilar a los suyos, iluminar a sus *Illuminati* y hacerlos levitar, y distraerlos de los verdaderos fines con tan poderosos bebedizos, a saber, edificar la conspiración que sea eficaz para la ruina de la iglesia y la revolución social. Guante blanco, Lenin más Stalin.

Muy a propósito, la obra de Gérard de Nerval *Les Illuminés*, completa su título del siguiente modo: *Les illuminés ou les précurseurs du socialisme...*

Ni que decir tiene que la verdad es la suma de todo ello: la Masonería tiene las manos largas y ellos son cuatro gatos, que además hay que mantener weishauptianamente engañados. Pero para pasar desde aquí hasta la Trilateral, los bildebergers, el sionismo internacional, el Club de Roma o la *Coca-Cola*, necesitaríamos las botas de las siete leguas.

Para Antoine Faivre,[77] Adolf von Knigge dio en 1781 a los Illuminati un ritual falsamente esotérico. Se trataba de enmascarar para los novicios y Minervales, una orientación deliberadamente racionalista y «prejacobina». Consiguieron el propósito. La mayoría de los Iluminados, que empezaban a ser numerosos en Alemania, ignoraban los fines de la Asociación, puramente políticos y revolucionarios. Tampoco sabían que los jefes, los Areopagitas, nada tenían de esotéricos por muy «iluminados» que dijeran ser.

Weishaupt había previsto una jerarquía en tres niveles que sólo se desplegaron en parte, salvo el primero de ellos que se desarrolló completo. Incluía un primer nivel de Novicios, Minervales (ya hemos dicho que provenían de la Masonería; en todos los grados se ofrecía el ingreso en ella) e Iluminados menores, todo ello plenamente desarrollado. No así con los siguientes niveles, aunque Weishaupt-Spartacus solía utilizar a veces el *nomen* de Rex: *Rex Illuminatorum*. Por tanto, el organigrama completo, tal como se preveía, era:

---

77. Antoine Faivre, *L'ésotérisme au XVIII siécle*, ed. Seghers, París, 1973. Hay traducción castellana que fue publicada por EDAF en 1976.

- Grados preparatorios
  Novicio
  Minerval
  Iluminatus Minor

- Grados simbólicos
  Aprendiz
  Compañón
  Maestro
  Iluminatus Major
  Illuminatus Dirigens

- Misterios
  Presbítero o Sacerdote
  Príncipe
  Mago
  Rey

La pretensión de arrasar con las distinciones sociales no parece ser, de momento, incompatible con tal despliegue. Otra vez nos preguntamos ¿Qué placer, superada la adolescencia, puede encontrar un adulto en tales denominaciones e inflaciones? Salvo engaño propio, nadie podría hacer coincidir el grado con la cualificación personal. Por otra parte no es un escaparate de prestigio, salvo que sea para los de *dentro*, ya que el grado recibido no es divulgable. Pero no estamos delante de tontos.

¿Qué presentaba por tanto la Orden como manzana, sino la apariencia de un rango esotérico, iniciación, y conocimiento del bien y del mal? Sobre todo, lo quisieran o no los prosélitos, dispensaban un adoctrinamiento masónico, espúreo frente a los verdaderos fines del *Rex Illuminatorum*: derrocamiento de todo poder, suprimir la propiedad privada, etc, que, de saberse de antemano, los habría llevado a salir por pies... ¿Qué podían conocer de dichos fines miembros tan prontos y notorios como el Duque Ernest II de Saxe-Coburgo-Gotha? Fue sin embargo él quien acogió a Weishaupt largamente en Gotha cuando necesitó refugio. ¿Qué pintaba Mozart entre los Iluminados? ¿Qué se le había perdido a un Goethe? ¿Acaso estaba en el secreto del propósito de acoso y derribo? En su lecho de muerto (mejor que en su lecho de muerte) clamaba a gritos «¡Luz! ¡Más Luz!».

Si, como parece estar documentado, es cierto que el alquimista rosacruz Eckartshausen perteneció a los Iluminados, el tema es claro: no tenía ni idea de los verdaderos fines. Nosotros estamos hoy en el secreto gracias a las inopinadas pesquisas que realizó la policía bávara en los domicilios de algunos de los dignatarios de la Orden, cuyos hallazgos fueron tempranamente publicados.

Los verdaderos fines de la Orden sólo conciernen a los que los conocen, los menos, acaso el «areópago» y poco más. Para el resto, como mucho, el propósito último se irá desvelando poco a poco.

Sin embargo hay alucinados que escriben falsedades como la siguiente:[78] *«Weishaupt ... reclutó unos dos mil adeptos a los que expuso su objetivo, que era la erección de un GOBIERNO MUN-*

---

78  Véase en el portal www.consciencedupeuple.com la página referida a la historia de la francmasonería.

*DIAL. Poseían facultades mentales superiores, las propias para permitirles dicho gobierno del mundo. Grupo de élite de 2.000 personas formadas por el propio Weishaupt, se componía de los más inteligentes en los dominios de las artes, las letras, la educación, las ciencias, las finanzas y la industria»...* Todos y cada uno de los términos son falsos. Todos y cada uno de los términos quieren inducir la idea que aquéllos fueron los gestores de la gran conspiración. Todos y cada uno de los términos proceden de ingénuos papanatas conspiranoicos.

Para estas alturas ya está claro que el propósito expreso de esta Orden era *la abolición del Cristianismo y el derrocamiento de todos los gobiernos civiles.*[79] Este, y no otro.

En su importante trabajo el abate Barruel, jesuita, proclamaba que la Revolución francesa fue instigada y planificada por las sociedades secretas (por la Masonería), a su vez, inspiradas y hostigadas por los Iluminados de Baviera.[80] La fiesta del Ser Supremo y de la Diosa Razón (deidad a la que fue exaltada públicamente, exhibida en pedestal, la bella Madame Momoro, de la Ópera de París), y la fraternidad de los teofilántropos o antroposofistas,[81] sustitutos de los cristianos cuyos altares ante la Diosa Razón estaban cargados de

---

79. «*The express aim of this Order was to abolish Christianity, and overturn all civil government*». Robison, op. cit.
80. Es el tema de su obra *Mémoires pour servir à l'Histoire du Jacobinisme*, París, 1797. Leemos: «*los Príncipes y las Naciones desaparecerán de la faz de la tierra... y esta revolución será la obra de las sociedades secretas*».
81. Sin embargo la transferencia de sacralidad no funciona, y la teofilantropía y el culto decadario no van a reconciliar a los franceses con las fiestas revolucionarias, reorganizadas por la Ley del 3 Brumario del año IV. ¿Estarían fracasando ya los planes weishauptianos?

frutas y verduras, no desdicen de los presupuestos de la Orden. La idea fundamental es, pues, la teoría de la conspiración; conspiración de siempre, cuyo destinatario último es la destrucción del Cristianismo. En esto del destinatario último, podemos estar de acuerdo.

En su obra Barruel descubre los nombres de 67 miembros importantes de los Illuminati. Entre ellos:

| | |
|---|---|
| Adam Weishaupt | Profesor |
| Adolf von Knigge | Barón |
| Xavier von Zwack | Notario, juez |
| C. F. Nicolai | Librero |
| Westenrieder | Profesor |
| Hertel | Canónigo |
| Johann Simon Mayr | Compositor |
| Dietrich | Alcalde de Estrasburgo |
| Johann C. Bode | Consejero privado |
| Ferdinand de Brunswick | Duque |
| Ernest de Gotha | Duque |
| Johann W. Goethe | Escritor |

Por su parte, Robison[82] nos da la siguiente nómina:

| | | | | | |
|---|---|---|---|---|---|
| Spartacus | = | Weishaupt, Professor. | Cato | = | Zwack, Lawyer. |
| Philo | = | Knigge, Freyherr, i.e. Gentleman. | | = | Torring, Count. |
| | | | | = | Kreitmaier, Prince. |
| Amelius | = | Bode, F.H. | | = | Utschneider, Professor. |
| Bayard | = | Busche, F.H. | | = | Cossandey, Professor. |
| Diomedes | = | Constanza, Marq. | | = | Renner, Professor. |

---

82. cfr. Robison, op. cit.

| | | | | |
|---|---|---|---|---|
| | = | Grunberger, Professor. | = | Frauenberger, Baron. |
| | = | Balderbusch, F. H. | = | Kaltner, Lieutenant. |
| | = | Lippert, Counsellor. | Pythagoras = | Drexl, Librarian. |
| | = | Kundl, ditto. | Marius = | Hertel, Canon. |
| | = | Bart, ditto. | = | Dachsel. |
| | = | Leiberhauer, Priest. | = | Dilling, Counsellor. |
| | = | Kundler, Professor. | = | Seefeld, Count. |
| | = | Lowling, Professor. | = | Gunsheim, ditto. |
| | = | Vachency, Councellor. | = | Morgellan, ditto. |
| | = | Morausky, Count. | Saladin = | Ecker, ditto. |
| | = | Hoffstetter, Surveyor of Roads. | = | Ow, Major. |
| | = | Strobl, Bookseller. | = | Werner, Counsellor. |
| Pythagoras | = | Westenrieder, Professor. | Corn. Scipio = | Berger, ditto. |
| | = | Babo, Professor. | = | Wortz, Apothecary. |
| | = | Baader, Professor. | = | Mauvillon, Colonel. |
| | = | Burzes, Priest. | = | Mirabeau, Count. |
| | = | Pfruntz, Priest. | = | Orleans, Duke. |
| Hannibal | = | Bassus, Baron. | = | Hochinaer. |
| Brutus | = | Savioli, Count. | Tycho Brahe = | Gaspar, Merchant. |
| Lucian | = | Nicholai, Bookseller. | Thales = | Kapfinger. |
| | = | Bahrdt, Clergyman. | Attila = | Sauer. |
| Zoroast. Conf. | = | Baierhamer. | Ludov. Bav. = | Losi. |
| Herm., Trism. | = | Socher, School Inspector. | Shaftesbury, = | Steger. |
| | = | Dillis, Abbé. | Coriolanus = | Tropponero, Zuschwartz. |
| Sulla | = | Meggenhoff, Paymaster. | Timon = | Michel. |
| | = | Danzer, Canon. | Tamerlane = | Lange. |
| | = | Braun, ditto. | Livius = | Badorffer. |
| | = | Fischer, Magistrate. | Cicero = | Pfelt. |
| | | | Ajax = | Massenhausen; Count. |

El Barón von Knigge había tenido una vida aventurera muy digna de la época, que preludió recorriendo Europa y ejerciendo los más variados oficios (pues no tenía medios de fortuna propios), al mismo tiempo que peregrinaba en pos de los saberes. Quizás haya sido modelo de esos *nobles viajeros* que cuenta su contemporáneo Louis Claude de Saint Martín, y más cerca de nosotros, O.V. de L. Milosz.[83] Ser un *noble viajero* es lo que cada uno que persiga el ser y el saber, se debe a sí mismo. Von Knigge siguió este camino, pese a sus evidentes desviaciones. Se podría afirmar, con infinitas precauciones, que las sociedades esotéricas lo persiguen por definición. Podríamos asegurar sin ninguna precaución que los Iluminados de Baviera, esto es, la Orden en sí, más que sus seducidos, frecuentaba otras trochas y morochas, otros senderos decididamente izquierdosos en el peor de los sentidos. Gracias a Dios –como luego veremos– la Orden duró como un suspiro de unos diez o doce años de duración. Contaba con 600 miembros en Baviera, más un cierto número en el resto de Europa (¿dónde quedan esos 2000 adeptos formados por el propio Weishaupt?).

Observemos aquel desliz que atribuye a Weishaupt un supuesto gran celo por la humanidad. Sin duda lo tuvo y mucho por sí mismo, lo que tanto caracteriza a determinados fundadores. Obligan a sus asociados a la total exclusiva

---

83. cfr. O.V. de L. Milozs. *Les Arcanes*. Ed. Egloff 1948: «*Les nobles Voyageurs –C'est le nom secret des initiés de l'Antiquité, transmis par la tradition orale à ceux du moyen âge et des temps modernes. Il a été prononcé pour la dernier fois le 30 mai 1786 à Paris, au cours d'une séance du Parlement consacrée à l'interrogatoire d'un accusé célèbre [...] Les pérégrination des initiés ne se distinguaient des ordinaires voyages d'études que par le fait que leur itinéraire coïncidait rigoureusement, sous ses apparences de course aventureuse, avec les aspirations et les aptitudes les plus secrètes de l'adepte [...] Le poète Robert Browning a défini la nature secrète de ces pélérinages scientifiques dans une strophe singulièrement riche d'intuition: "Je vois mon chemin comme l'oiseau sa route sans trace; quelque jour, Son jour d'heur, j'arriverai. Il me guide, Il guide l'oiseau"*».

intelectual, a constituirse en un mundo propio fuera del cual nada hay interesante.

Los soberanos (dice A. Faivre) no tardaron en darse cuenta del peligro que representaba esta conjura, y como consecuencia, a partir de 1783, la Orden de Weishaupt entra en agonía, fruto de persecuciones de todo tipo y lado. Apenas doce o catorce años de existencia. Se suprime la Orden de los Iluminados de Baviera el 22 de Junio de 1784 por edicto del Duque Karl Theodor, Elector de Baviera, edicto que se volvió a publicar en los meses de Marzo y Agosto de 1785. La Orden, a rastras, periclitó, y a finales del siglo XVIII había cesado de existir.

Según la documentación encontrada, en el momento de su extinción la Orden contaba con logias en Múnich, Hesse (varias), Ingolstadt, Buchenwerter, Frankfort, Monpeliard, Echstadt, Stutgard (3), Hanover, Carlsruhe, Brunswick, Anspach, Calbe, Neuwied (2), Magdenburgh, Mentz (2), Cassel, Polonia (varias), Osnabruck, Turín, Weimar, Inglaterra (8), Alta Sajonia (varias), Escocia (2), Austria (14), Warsaw (2), Westphalia (several), Deuxponts, Heidelberg, Cousel, Mannheim, Treves (2), Estrasburgo (5), Aix-la-Chappelle (2), Spire, Bartschied, Worms, Hahrenberg, Dusseldorff, Suiza (varias), Roma, Colonia, Nápoles, Hannibal, Bonn (4), Livonia (varias), Ancona, Courland (varias), Florencia, Frankendahl, Francia, Alsacia (varias), Holanda (varias), Viena (4) y Dresden (4).

Con toda razón, ese mismo Jean Baylot afirma:[84]

---

84. Jean Baylot, *La Francmaçonnerie traditionnelle*, ed. Vitiano, París, 1972.

La sociedad de los Iluminados fue minúscula y pasaje-
ra, sin embargo ha desempeñado por contagio un papel
considerable en la historia de las ideas y de la política,
en Alemania y en Europa.

En 1784 el Elector de Baviera prohibió en sus Estados todas las
sociedades secretas. Varios *iluminados* fueron llevados ante los tri-
bunales, y condenados a una detención más o menos larga.
Obligado Weishaupt a dimitir de su cátedra de Ingolstadt, se reti-
ró a Gotha, recibiendo del Duque reinante el título de consejero
áulico. Pasó el resto de su vida ocupado únicamente en labores
científicas. Murió el 11.XII.1822, con 74 años. Dejó los siguientes trabajos (mención francesa): *Jus civile privatum et determinatio iuris
Boici,* Ingolstadt 1773, 2 Vol., *Doutes sur les idées de temps et d'espace de
Kant,* Nuremberg 1786, *Histoire complète des persécutions faites aux illuminés en Bavière,* ibid. 1786, *Description pittoresque de l'ordre des illuminés,
avec leurs statuts,* Leipzig, 1788; *Histoire des progrès de l'humanité,*
Nuremberg 1789, 2 Vols. in-8°, *De la vérité et de la perfectibilité morale,*
Ratisbonne, 1793-1797, 3 Vols. in-8°, *Sur l'esprit allégorique dans l'antiquité,* ib. 1794, *Pythagore ou l'Art secret de gouverner le monde,* Frankfort
1795, *Sur le matérialisme et l'idéalisme,* Nuremberg 1798, *La lanterne de
Diogène,* Ratisbonne 1804, *Matériaux pour servir à la connaissance du
monde et des hommes,* Gotha, 1809 y 1881, 2 Vols. in-8°, etc.

## Análisis del método weishauptiano

Ya hemos hablado del modelo en el que se inspira el fundador. Regula los procedimientos internos en base a la política
de la Orden (deber de obediencia, de delación, etc.). Al mismo
tiempo, toma otros más comunes en las sociedades iniciáti-

cas, adaptándolos a su propio uso. Entre ellos, la utilización secreta de una cifra propia para encriptar algunos términos.

Utilizan una clave interna sinsentido y totalmente infantil, sin nada que ver con la verdadera criptografía, debiendo pensar en segundas intenciones. No parece explicación suficiente que se quisiera halagar el sentido carnavalesco e histriónico de los socios, o, acaso –teniéndolos por imbéciles– imbuirlos aun más de su propia importancia, digna de participar en importantísimos misterios y secretos. La utilización de pseudónimos o de «nombres de pluma», que son los que se ofrecen públicamente (públicamente «*Azorín*», personalmente «*Martínez Ruiz*») tienen el sentido de preservar la privacidad de importunos, y también de la lisonja o de la crítica. En el caso de una sociedad pretendidamente iniciática, la explicación tiene que ser del orden que justifica lo mismo en las órdenes religiosas. Von Knigge será *Filón*, porque su ingreso en la Orden equivale a una muerte y una resurrección, y, nuevo nacido, se dota de un nombre distinto, *Filón*, que, de estar las cosas bien hechas, debe ser plenamente significativo... Lo mismo vale para encriptar los nombres de los meses (tal como lo hizo la Revolución francesa):[85] se trata de un tiempo nuevo. Y así con las demás cosas.

Ejemplo de este tipo de clave, la siguiente carta de la mano de A. Weishaupt que podremos descifrar con la ayuda de las claves que exponemos en el Anexo I. Es una carta entre tantas, y que sólo seleccionamos porque es corta. Dice:

---

85. Respectivamente: Nevoso, pluvioso, ventoso, germinal, floreal, praidial (de los prados), messidor (de la siega), termidor (caluroso), fructidor (de los frutos), brumario (de las brumas), frimario (de las heladas).

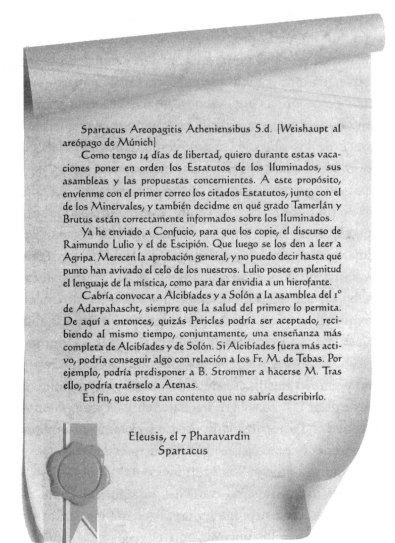

Spartacus Areopagitis Atheniensibus S.d. [Weishaupt al areópago de Múnich]

Como tengo 14 días de libertad, quiero durante estas vacaciones poner en orden los Estatutos de los Iluminados, sus asambleas y las propuestas concernientes. A este propósito, envíenme con el primer correo los citados Estatutos, junto con el de los Minervales, y también decidme en qué grado Tamerlán y Brutus están correctamente informados sobre los Iluminados.

Ya he enviado a Confucio, para que los copie, el discurso de Raimundo Lulio y el de Escipión. Que luego se los den a leer a Agripa. Merecen la aprobación general, y no puedo decir hasta qué punto han avivado el celo de los nuestros. Lulio posee en plenitud el lenguaje de la mística, como para dar envidia a un hierofante.

Cabría convocar a Alcibíades y a Solón a la asamblea del 1° de Adarpahascht, siempre que la salud del primero lo permita. De aquí a entonces, quizás Pericles podría ser aceptado, recibiendo al mismo tiempo, conjuntamente, una enseñanza más completa de Alcibíades y de Solón. Si Alcibíades fuera más activo, podría conseguir algo con relación a los Fr. M. de Tebas. Por ejemplo, podría predisponer a B. Strommer a hacerse M. Tras ello, podría traérselo a Atenas.

En fin, que estoy tan contento que no sabría describirlo.

Eleusis, el 7 Pharavardin
Spartacus

En esta carta, Spartacus es Adam Weishaupt; Aeropagita es el orden al que pertenece en el seno de los *Illuminati*; *Atheniensibus* (de Atenas), significa de Múnich; el de los *Minervales* constituye el orden inferior dentro de la Orden; Tamerlán y Brutus son los inscritos con los números 786 y 812, el primero Iluminado, y el segundo Minerval; Raimundo Lulio y Escipión son Areaopagitas, el orden superior; Agripa es un Minerval; Alcibíades y Solón son Areopagitas; el 1° de Adarpahascht es el 1° de Mayo, aniversario de la fundación de los *Illuminati*;[86] Pericles es un Minerval; la inicial «M.» designa a los minervales; Eleusis es Ingolstadt, y la fecha de la carta, el 7 Pharavardin, es el 27 de Marzo.

No nos ofusca la debilidad consentida de la clave, en gentes que pretenderán a una verdadera criptografía y a una poliglosia universal. Su estrategia, modelo de otras organizaciones devoradoras de conciencias y devoradas de ambición, serían perfectamente jesuíticas si hiciéramos caso a la leyenda negra de la Compañía, que con razón podrían aplicarse para sí aquello de «ladran, luego cabalgamos»...

Los Estatutos de los Iluminados, sus Derechos y Libertades, las Instrucciones personalizadas o generales, los Juramentos y Deberes, etc., constituyen una masa documental considerable. Jamás la podríamos abordar *in extenso* en el marco en el que ahora estamos. Sin embargo cada cual puede consultarlos en los 24 números de la *Revue International des Sociétés Secrètes-Partie Occultiste*, años 1929 y 1930. Sí en cambio podemos ofrecer algunas pocas noticias y textos que entresacamos de los mismos.

Ya en el Anexo III (*ut infra*) se pueden identificar algunas de las prácticas de gestión que descubren, si duda quedare,

---

86. Se dice que la fiesta del 1° de Mayo que nace con la primera Internacional Socialista es la conmemoración de ese 1° de Mayo de 1776...

una absoluta falta de escrúpulos y la práctica del disimulo y de la restricción mental, pues *«la franqueza sólo es virtud sólo cuando se manifiesta con los superiores jerárquicos»*... Desgraciadamente otros superiores de otras organizaciones (dícese que incluso eclesiásticas, pero no vamos a entrar) lo predican y practican de puertas adentro. El problema está en ese doble *«solamente»*, pues es claro que la franqueza con el superior es necesaria para una recta dirección.

Pero la estrategia de los Illuminati se extiende más, alcanza la práctica de la corrupción económica a nivel de industria, la infiltración interesada, la extorsión y el robo si ello fuera necesario. De su propia mano (véase el Anexo) y analizando la marcha de la Orden, el Barón von Zwack, uno de los pocos en el secreto, escribe: *«Por recomendación de los Fratres, Pylade se ha convertido en el tesorero del Consejo eclesiástico, por cuyo medio la Orden tiene a su disposición las rentas de la Iglesia».*

Infiltración y saqueo de las arcas eclesiales. Tanto o más ricos, los RR. Padres no van a ser olvidados (redacción dificultosa): *«Incluso en este momento en que los jesuitas querían destruir el consejo eclesiástico: por la mediación de los establecimientos de la Orden, por nuestro infatigable esfuerzo, por haber indispuesto a diversos... por..., hemos conseguido no sólo que dicho consejo eclesiástico salga reforzado, sino también que todas las rentas cuya administración tenían todavía los jesuitas en Baviera, como el Instituto de la Misión, la Limosna de oro, la casa del Exercitium y la Caja de los conversos, hayan sido confiados a dicho consejo, así como al Fondo escolar y universitario alemán, quienes ya se responsabilizan de su empleo y cuentas corrientes. Con relación a este tema, los principales entre los Iluminados han mantenido ya seis reuniones, y algunos han pasado varias noches en blanco. Entre ellos está... y ...».*

Seducción con los de fuera; control, orden, puño de hierro con los propios, y tenemos la delación, la más baja forma de la corrección fraterna, que para nada les es exclusivo: «*cada adepto debe llevar un diario donde anotará todas las particularidades concernientes a las personas con las cuales esté en relación*». Y con el chivateo, un simulacro de «humildad», la interiorización en sí del todo de los iluminados: «*cada iluminado debía actuar como si el grado al que pertenecía fuera el último*». Parece un consejo jesuítico...

El fin justifica los medios. Pronto se practicará la profesión de «*alfonso*», que es como los vieneses denominaban tan finamente a los chulos, proxenetas, terceros, rufianes, alcahuetes, y maquerós. Porque tiran más que dos carretas, se planificó utilizar el sexo a gran escala, o al menos (pues en realidad no creemos que llegaran a ponerlo en práctica) tal se deduce de la *proposición en vistas al establecimiento de una Orden femenina* (véase el Anexo). Como dice Robison, «se restauraron los placeres sensuales con el rango que tenían en la filosofía epicúrea».[87] Estamos ante un proyecto revelador; como ante un resumen exhaustivo de los mecanismos secretos de este tipo de sectas. Su principal propósito es la manipulación y la explotación de las conciencias, y utilizan el sexo como arma absoluta...

No olvidemos que Weishaupt no se oponía al crimen... si era útil para los Illuminati: «*es únicamente pecado lo que nos perjudica, pero si el provecho es mayor que el daño, se convierte en virtud*». Otra vez en acción el principio fundamental de cierta ética

---

87. *Sensual pleasures were restored to the rank they held in the Epicurean philosophy...*

empresarial: el fin justifica los medios. Weishaupt se aprendió muy bien el escolio atribuido a los jesuitas. Basta para justificar cualquier acto. Basta para acreditar un burdel.

Se trata –la femenina– de una sociedad separada de los varones. Igual ocurre en el Opus (no podemos no señalarlo), donde las mujeres están separadas, salvo el contacto con el confesor. Igual ocurre en Baviera, aunque *in péctore*, no habiendo habido tiempo –nos parece– para montar los prostíbulos. Igual pero diferente, pues nadie duda de la religiosa castidad de los miembros de la «Obra», y no se conoce excepción. Ambas vertientes femeninas son equivalentes en estanqueidad, incompatibles en los grados, pues la de Weishaupt estaba distribuida en dos clases herméticas, cada una ignorando la existencia de la otra: la de las virtuosas y la de las libertinas que, como consta, debían secundariamente satisfacer a los *Illuminati* en sus necesidades sexuales, cuando éstas fueran perentorias o simplemente lo solicitaran.

Ello los sitúa al nivel de las casas de lenocinio, y puede parecer que exageramos cuando no es así: viene claramente en los textos internos, y varios estudiosos lo recogen en sus obras; como aquí hacemos.

El propósito más evidente de la Orden femenina sería recaudar dinero e información, y practicar el chantaje. El reparto de funciones entre cada clase son de sentido común: las virtuosas debían ocuparse de captar dádivas, voluntades (aportando nuevos e importantes socios para la Orden) e información. El papel de las libertinas añadía el sexo para la revelación de secretos, el chantaje, la amenaza (incluso de muerte) y el escándalo, a una clientela de alta posición social a nivel de las finanzas, gubernamental, eclesiástico, universitario, etc.

En tan buen camino, no era cosa de privarse del soborno ni del tráfico de influencias, procedimientos idóneos para conseguir para los suyos becas, favores, subvenciones y cargos públicos: «*por nuestra intermediación, todos nuestros jóvenes han conseguido becas en esta Universidad*»; «*numerosos miembros de la Orden que se encuentran en los Dicasterios han obtenido, gracias a la Orden, salarios y complementos*»; «*gracias a nuestra gestión, Arminius y Cortes han sido nombrados profesores en Efeso* [Ingolstad]»; «*hemos provisto con beneficios, cargos y plazas de preceptores a todos los miembros sacerdotes*»; «*hemos colocado a miembros de la Orden en cuatro cátedras eclesiásticas*» (Baron von Zwaick), etc. (véase el Anexo). Lo que responde a las enseñanzas de Weishaupt-Spartacus (¿qué mejor que un catálogo exhaustivo de posibles piezas de caza?...): «*cada uno de los hermanos debe poner en conocimiento de su jerarquía los empleos, servicios, beneficios y demás dignidades de las que podamos disponer o conseguir por nuestra influencia, a fin de que nuestros superiores tengan la ocasión de proponer para esos empleos a los dignos miembros de nuestra Orden*».

Especialmente les interesa infiltrar y dominar los medios docentes. Lo siguiente sin duda es exagerado, más el propósito y el deseo que la realidad: «*las escuelas alemanas están completamente bajo la dirección de la Orden, cuyos miembros son sus responsables. También la sociedad caritativa está dirigida por la Orden; en el más breve plazo nos atraeremos a toda la fundación Bartolomé de jóvenes sacerdotes. Son todos sus establecimientos los afectados de este modo, y tenemos las mayores posibilidades de poder proveer de este modo con sacerdotes hábiles a toda la Baviera*»;

E infiltrarse en la Administración: «*de lo que se trata es de infiltrar a los iniciados en la Administración del Estado bajo la cobertura del secreto, al objeto de que llegue el día en que, aunque las apariencias sean las mismas, las cosas sean diferentes*».

Era necesario conseguir el control de la prensa y agencias de información. «*En una palabra* –decía Espartaco– *es preciso establecer un régimen de dominación universal, una forma de gobierno que se extienda por todo el planeta. Es preciso conjuntar una legión de hombres infatigables en torno a las potencias de la tierra, para que extiendan por todas partes su labor, siguiendo el plan de la Orden*».

No somos demasiado creyentes en que lo hayan conseguido. Bastante más en la verdad de esta última transcripción: «*es en la intimidad de las sociedades secretas donde ha de prepararse la opinión pública*». Nada tan moderno.

## Anexos

### ANEXO I    CIFRA Y CLAVES DE LOS ILUMINADOS

Tenemos fidedignas fuentes y documentos que nos «iluminan» sobre la naturaleza de la Orden de los *Illuminati*.[88] Documentos que aparecen bajo título de «Algunos escritos originales de la Orden de los Iluminados, encontrados donde Zwack, antiguo consejero del gobierno, cuando su visita domiciliaria ejecutada en Landshut, el 11 y 12 de Octubre de 1786 (Impreso por orden de su Alteza Electoral) Impreso en Múnich por Antoine Franz, impresor de la Corte, y en venta en las tres librerías».

En primera página se indica que se quiere convencer al público de la evidente falsedad de las razones mediante las cuales los Iluminados claman contra la injusta violencia y persecuciones de que son objeto en Baviera, poniéndolos en guardia de esta manera contra esta secta epidémica y demás sectas clandestinas igualmente prohibidas. Añade que si

---

88. cfr. «*Einige Originalschriften des Illuminaten-ordens*», Múnich, 1786, in-8°, y «*Nachtrag von weitern Originalschriften, welche die Illuminaten-secte... betreffen*», Múnich 1787, in-8ª, en 2 partes.

alguien manifestara alguna duda sobre la autenticidad de los documentos, que se presente en los Archivos secretos de esta ciudad de Múnich, pues hay orden de mostrar los originales. Está firmado en la misma ciudad, el 26 de marzo de 1787. Incluye,

I. La cifra de la Orden de los Iluminados:

| 11 | 10 | 9 | 8 | 7 | 6 | 5 | 4 | 3 | 2 | 1 | 0 |
|----|----|---|---|---|---|---|---|---|---|---|---|
| a | b | c | d | e | f | g | h | i | k | l | m |

| 13 | 14 | 15 | 16 | 17 | 18 | 19 | 20 | 21 | 22 | 23 | 24 |
|----|----|----|----|----|----|----|----|----|----|----|----|
| n | o | p | q | r | s | t | u | w | x | y | z |

II. El sistema cronológico de la Orden

a saber, el de Yezdegerd, o sistema persa:

| Pnaravardin, | 41 días, del 21 de marzo a finales de abril. |
|---|---|
| Adarpahaschr | Mayo |
| Chardad | Junio |
| Thirmeh | Julio |
| Merdehmeh | Agosto |
| Schaharimeh | Septiembre |
| Meharmeh | Octubre |
| Abenmeh | Noviembre |
| Adarmeh | Diciembre |
| Dime | Enero |
| Asphandar | Los 20 primero días de Marzo |

III. Nombres geográficos

Provincias (el manuscrito es de Caton-Zwack):

| Baviera | Acaya |
|---|---|
| Suavia | Pannonia |
| Franconia | Illyria |
| Austria | Egipto |
| Tirol | Peloponeso |

Ciudades:

| Múnich | Atenas |
|---|---|
| Revensburgo | Esparta |

| | |
|---|---|
| Merseburgo | Sestos |
| Constancia | Abydos |
| Freysing | Tebas |
| Eichstœd | Erzerun |
| Bamberg | Antioquía |
| Landsberg | Mégaro |
| Augsburgo | Nicomedia |
| Ratisbona | Corinto |
| Nuremberg | Nicea |
| Landshut | Delfos |
| Viena | Roma |
| Burghausen | Calios |
| Straubingen | Tesalónica |
| Neubourg | Neápolis |
| Salzburgo | Nicosia |
| Innspruck | Samos |
| Ingolstadt | Eleusis |
| Ingolstad (no iniciados) | Efeso |
| Erlangen | Sagunto |
| Würzbourg | Cartago |

IV   LISTA DE LOS MIEMBROS ADMITIDOS DURANTE LOS AÑOS 1776-1779 (se indica el número de orden, empezando por el fundador, Weishaupt/Espartaco, el grado, la fecha y año de admisión)

| | | |
|---|---|---|
| 776 | Spartacus A. (Areopagita) | 1° Mayo 1776 |
| 777 | Ajax A. | id. |
| 778 | Tiberius A. | id. |
| 779 | Catón A. | 22 Febrero 1778 |
| 780 | Mario A. | 12 Marzo |
| 781 | Alcibíades A. | Mayo |
| 782 | Solón A. | Mayo |
| 783 | Escipión A. | 28 Julio |
| 784 | Celso A. | 13 Diciembre |
| 785 | Aníbal A. | id. |
| 786 | Tamerlan I. | 16/12/1776 |
| 787 | Caludius R. | 26/12/1776 |

| | | | | |
|---|---|---|---|---|
| 788 | Agripa M. | id. | 812 | Brutus M. |
| 789 | Taso M. | 1777[89] | 813 | Tales de Mileto M. |
| 790 | Odín M. | | 814 | Eneas M. |
| 791 | Lúculo M. | | 815 | Saturno M. |
| 792 | Osiris R. | 1778 | 816 | Saladino R. |
| 793 | Coriolano M. | | 817 | Arminio R. |
| 794 | Confucio M. | | 818 | Estilpo de Megara R. |
| 795 | Livius M. | | 819 | Deucalión R. |
| 796 | Euclides M. | | 820 | Nestor R. |
| 797 | Cicerón R. | | 821 | Museo M. |
| 798 | Sylla M. | | 822 | Diómedes M. |
| 799 | Timoleón R. | | 823 | Menelas M. |
| 800 | Pericles M. | | 824 | Hector M. |
| 801 | Demócrito R. | | 825 | Numa Pompilio R. |
| 802 | Remo In. (Iniciado) | | 826 | Ganganelli In. |
| 803 | Minos R. | | 827 | Dion |
| 804 | Pen R. | | 828 | Demócedes |
| 805 | Ciro | | 829 | Demonax |
| 806 | Lud. Bav. R. | | 830 | Mahoma A. |
| 807 | Pitágoras | | 831 | Vesperiano |
| 808 | Hermes, R. | | 832 | Moenius |
| 809 | Atila M. | | 833 | Tutus Quinius Flaminius |
| 810 | R, Lulus M. | 1779 | 834 | Germanicus A. |
| 811 | Anacreón R. | | | |

ANEXO II  PROPOSICIÓN EN VISTAS AL ESTABLECIMIENTO
DE UNA ORDEN FEMENINA (DE LA MANO DE ZWACK)

I. UTILIDAD Y OBJETO DE ESTA ORDEN

La utilidad que podríamos pretender de las mujeres sería de procurar dinero a la Orden y ello de modo positivo, o bien por lo que podría esperarse de ellas, accediendo de modo seguro a noticias secretas, recibiendo protección y dando satisfacción a los temperamentos de los Fratres voluptuosos.

---

89. Para facilitarnos la tarea de escribidor, a partir de Taso indicaremos únicamente el año, que figurará sólo junto al primero al que corresponda.

## II. Establecimiento de la orden femenina

Esta Orden debe consistir en dos clases, de las que cada una constituya una Sociedad separada, que debe permanecer desconocida para la otra en lo que se refiere a sus obligaciones (*nexus*).

Una clase de virtuosas; y otra clase de pervertidas.

Una y otra deben ignorar que están dirigidas por la Orden masculina, y la Superiora de cada clase debe pensar que existe una Logia superior de la que recibe las órdenes, aunque de hecho son los hombres los que las dan.

Ambas clases deberían entreayudarse por medio de la enseñanza y de los maestros masculinos que les fueran propuestos, que, a este efecto, serían miembros de la Orden, pero que quedarían desconocidos los unos de los otros y de las mujeres. Se suministrarían buenos libros, y la segunda clase daría secretamente satisfacción a sus pasiones.

*Nota*: cuando se efectuó la visita domiciliaria a la casa de Zwack, se encontraron folios in-8° con: *Breve descripción de los temperamentos de 95 mujeres de Mannheim*, en lengua francesa y con este suscripto: PORTRAITS DES DEMOISELLES À MANNHEIM.

---

## ANEXO III   Progresos de la Orden (de la propia mano de Zwack)

### I. De los FF de Atenas [Múnich] en el sistema de la Orden

He aquí la situación numérica para la sola Grecia:

En Atenas [Múnich] tenemos una gran asociación de Iluminados, bien organizados; una Asociación más pequeña que responde perfectamente a su finalidad; una gran y hermosa Logia (–), y dos bellas iglesias minervales.

En Tebas [Freysing] tenemos igualmente una iglesia minerval.

En Megara [Lndsberg] también.

Igualmente en Burghausen

También en Straubiz

Y próximamente en Corinto [Ratisbona]

Hemos comprado una casa particular, y gestionado tan bien por medio de juiciosas medidas, que los habitantes no sólo elevan protestas, sino que hablan de nosotros con consideración, ya que vamos a diario abiertamente y sin tapujos a dicha casa, al igual que penetramos en la Logia. Verdaderamente esta casa destaca.

En la misma hay una hermosa colección de historia natural e instrumentos de física, así como una biblioteca, que los miembros incrementan de vez en cuando.

Se utiliza el jardín para la botánica.

La Orden procura a los Fratres todos los diarios sapientes. Mediante piezas impresas llama la atención del príncipe y de los ciudadanos sobre ciertos abusos. Con todas sus fuerzas se opone a los monjes, en lo que se ha obtenido mucho éxito.

Hemos organizado completamente la Logia según nuestro criterio, rompiendo completamente con Berlín.

No sólo hemos perturbado la acción de los Rosa+Cruces, sino que hemos conseguido volver su nombre despreciable.

Estamos en negociaciones para una estrecha alianza con la Logia… en…, y con la Logia nacional de Polonia.

II.  Avances de la Orden en Grecia desde hace un año,
   en el terreno político.

1. Como resultado de la intervención de los Fratres, los jesuitas han sido apartados de todas las cátedras profesorales, y la Universidad de Ingolstadt se ha visto purificada de ellos, pues los Malth siempre serán allí acogidos y enriquecidos por los prelados.

2. La duquesa viuda […] ha organizado completamente el Instituto de los Cadetes conforme al plan indicado por la Orden, está bajo vigilancia de la Orden, todos sus profesores son miembros de la Orden, cinco de los cuales han quedado perfectamente establecidos, y todos los alumnos se vuelven adeptos de la Orden.

3. Por recomendación de los Fratres, Pylade se ha convertido en el tesorero del Consejo eclesiástico, por cuyo medio la Orden tiene a su disposición las rentas de la Iglesia.

4. Prestando dichas sumas a nuestro […] y a […] los hemos sacado de apuros de su mala gestión doméstica, liberándolos de los usureros.

5. Del mismo modo hemos ayudado a diversos Fratres.

6. Hemos provisto con beneficios, cargos y plazas de preceptores a todos los miembros sacerdotes.

7. Gracias a nuestra gestión, Arminius y Cortes han sido nombrados profesores en Efeso [Ingolstad].

8. Por nuestra intermediación, todos nuestros jóvenes han conseguido becas en esta Universidad.

9. Gracias a la recomendación de los miembros de la Orden presentes en la Corte, dos de nuestros jóvenes han partido de viaje. De hecho, ahora están en Roma.

10. Las escuelas alemanas están completamente bajo la dirección de la Orden, cuyos miembros son sus responsables.

11. También la sociedad caritativa está dirigida por la Orden.

12. Numerosos miembros de la Orden que se encuentran en los Dicasterios han obtenido, gracias a la Orden, salarios y complementos.

13. Hemos colocado a miembros de la Orden en cuatro cátedras eclesiásticas.

14. En el más breve plazo nos atraeremos a toda la fundación Bartolomé de jóvenes sacerdotes. Son todos sus establecimientos los afectados de este modo, y tenemos las mayores posibilidades de poder proveer de este modo con sacerdotes hábiles a toda la Baviera.

15. También tenemos la intención y con los mismos resultados, de poder hacernos todavía con otra casa de sacerdotes.

16. Incluso en este momento en que los jesuitas querían destruir el consejo eclesiástico, por la mediación de los establecimientos de la Orden, por nuestro infatigable esfuerzo, por haber indispuesto a diversos… por…, hemos conseguido no sólo que dicho consejo eclesiástico salga reforzado, sino también que todas las rentas cuya administración tenían todavía los jesuitas en Baviera, como el Instituto de la Misión, la Limosna de oro, la casa del Exercitium y la Caja de los conversos, hayan sido confiados a dicho consejo, así como al Fondo escolar y universitario alemán, quienes ya se responsabilizan de su empleo y cuentas corrientes. Con relación a este tema, los principales entre los Iluminados han mantenido ya seis reuniones, y algunos han pasado varias noches en blanco. Entre ellos está… y…

# Capítulo III
# La estela de los Iluminados

La secta se extingue; los conspiradores que componen su areópago desaparecen de la escena en 1786. Se han manifestado y cumplido obra pública, visible (con el sentido especial de *visibilidad* de las sociedades secretas), durante poco más de 10 años. En este tiempo han crecido razonablemente y se han expandido extra muros. Han pasado el Atlántico: en ese otro lado de la mar océana, la sociedad que es joven y maleable absorbe en su masa cualquier fermento.

A primera vista parece considerable la impronta ideológica, cosmopolita y revolucionaria, que tan fuertemente habrían aportado a la edad moderna… si fuera cierta la derivación silogística que infiere *post hoc ergo propter hoc.*[90] La prudencia pide no concluir. Concederles un protagonismo verdadero, desmerecería el papel histórico de personajes de la talla de Marxs, Engels, Lenin, etc., y desmerecería la levadura revolucionaria *ex novo* que, como un clamor, como un maremoto que surge de los abismos (y acaso como una jugada indecible del

---

90. *«Después de ello, por tanto a causa de ello».*

Espíritu Santo), procede gravitatoriamente de lo que luego hemos conocido como movimiento social obrero. Se trata de saber si las ideas que, *sub rosa*, habitaban a Weishaupt, han dejado huella, o si acaso han surgido a la luz en otras latitudes, de modo totalmente independiente. Como resultado los *gulags*, los genocidios, los carroñeros del petróleo y el *novus ordo seclorum*. Y detrás de éstos que están detrás, el *princeps huius Mundi*, el *arconte de este mundo malo* según inveterada tradición.

La disputa es si los Iluminados de Baviera han desaparecido, o si, en aparente latencia, siguen activos manejando los pucheros bajo manga. La buena respuesta es la primera; fruto de la confusión, podríamos entrar en la segunda.

## Cripto-iluminismo

Ese *Príncipe de este mundo* cuenta con un *corpus mysticum*, unos «*collegia*», una «*sinagoga*», una «*ecclesia*», unos «*círculos tántricos*» poco conocidos y *las siete Torres del diablo*, cuyo denominador común es el odio de Dios. La pertenencia a estos círculos no está ciertamente al alcance de cualquiera. Tendríamos que ser cooptados, pero nadie se interesa por los que no estamos ni fríos ni calientes. Mientras tanto somos naturalmente sus devotos parroquianos…

Están ahí; siempre han estado. Pero no se ocupan del curso del barril del petróleo ni del cesto de la compra. No mueven especialmente los hilos de la economía y de la política, puesto que, solos, ya lo hacemos muy bien. Son conspiradores desencarnados que conspiran de una manera mucho más metafísica. En otros tiempos, antes de la época que estudiamos, se los veía por todas partes, concediéndoles un protagonismo excesivo. Normalmente, hoy no se cree que existan. Los santos los certifican. La mitad de los curas, que son políticamente correctos, los niegan.

Rondan a sus anchas por las sectas, las sociedades espiritistas, metapsíquicas, teosóficas, parapsicológicas y otras; todas ellas «blandas» en apariencia. Otras, «duras», practican otra vez al descubierto la *magia sexualis*, las fuerzas *«sialám»* y los *«volts»* de infama carga (como fue caso con el mulato Randolph Carter), o el ahorcamiento ritual y el estrangulamiento de varones, técnica de máxima enervación genésica (otra vez de moda) utilizada en los círculos y ceremoniales femeninos bajo batuta de la bella María Naglowska. El gran epopta de todos ellos fue el satanista Aleister Crowley, el «666», la «Bestia», miembro del Alba Dorada y autor de páginas inmundas y blasfematorias, y hierofante de sus propias creaciones, la O.T.O. (*Ordo Templis Orientis*) y la *Stella Matutina*. Ahora mismo se publican sus rituales invocatorios, originándose cultos en casas y apartamentos burgueses a los que debemos más de una muerte... Sus mismos símbolos (que saquearon de los masónicos, por aquello del lustre) son parlantes, como el de la Estrella de Venus o Citeria. Venus, la diosa de la antigua serpiente de fuego, la Gran Madre de todos los cultos gnósticos e iluminados, está en el origen de las MMM (*Mysteria Mystica Maxima*) y visible en órdenes como el del IX Bafomet, Gran Zerubabel de la Santa Real Arca de Enoc, etc.

Siempre tropezamos con la ingenua confesión de una jerarquía invisible (los SI o Superiores Desconocidos, se escondieran o no –que no– bajo las siglas de la Societatis

Iesu), que orientan a los «socios» de tales organizaciones, física, mental y «astralmente», elevando sus fuerzas supranormales y la insoslayable serpiente «kundalini»; excitando caudales sexuales inempleados de otro modo, y logrando sin duda alguna su control mágico o hipnótico...

En parte tienen razón los conspirólogos al uso. Hay mucho de ridículo en los párrafos anteriores. Parecen de muy otro peligro, emblemáticamente hablando, esa verdadera trilateral: la American Express, Anderson (o la Smith and Klyne), y la Microsoft, pues entre ellos podrían controlarlo casi todo. También cabría citar ese soterrado gobierno mundial, los **G8**, los ocho países más ricos del planeta, que lo mismo discuten del tema nuclear, de terrorismo, ecología o flujos migratorios; sin olvidar el FMI, la Banca Mundial o la Organización Mundial del Comercio.

Últimamente los mismos conspirólogos han quintaesenciado un New Age, esplendente y sazonado de orientalismo y de cientismo, cuya vertiente política estimularía el camino hacia el Nuevo Orden Mundial. Se los podría muy bien asimilar –a los de la New Age– con el *iluminismo* clásico, pues coinciden en numerosos aspectos y en la misma mentalidad *espiritualista* y *científica*, esto es, coincidir en un panteísmo básico; lo que es casi lo mismo, en una misma opción por la inmanencia. Les diferencia que aquel iluminismo era fundamentalmente cristiano, protestante o calvinista, sin excluir a los católicos; mientras que éstos –los de la New Age–, hijos de su época desmemoriada y laica, son sobre todo orientalistas y sincretistas. Sustituyen a Dios por la deidad, y cuando ya tengamos la deidad, seremos ateos; seremos *sicut dii*. Por otra parte somos ya los más dóciles candidatos a los principios del Iluminismo, y hasta podríamos decir que hemos pasado varios grados de iniciación. En ambos casos, de ayer y hoy, su poder de atracción es muy importante, y ser un Iluminado o un socio de la Nueva Era, no depende sino del carácter personal.

Se nos podrá alegar que aquellos anteriores ejemplos –sociedades secretas, ocultismos, esoterismos que preludian esta Iluminada Nueva Era– faltan en la actualidad o están dormidos. No es así. El no enterarnos no obvia su vigencia. Sin duda hemos practicado en esta modernidad otros lavados de cerebro, nuevos y tan diabólicos como el cuarto camino de Gurdjieff y sus inhumanos «talleres»; como las sociedades de Thule de ocultos neo-nazismos esotéricos, las drogas con sus «místicas» experiencias y sus gurús iniciadores, y las M.T. (Meditación Transcendental) salpicadas de saltitos sobre un colchón a modo de levitaciones circenses. Todo ello psalmodiado de mantras que trabajan escondidamente el subconsciente, que subordinan la nuestra a otras voluntades, que preparan a veces a la persona a decisiones extremas totalmente irracionales, y otras técnicas más… muy propias de la KGB o de la CIA. Capítulo aparte, detallado análisis por el ropaje universitario, erudito y metafísico en que se envuelve, merecería la Psicología Transpersonal (ya insinuada), americano hallazgo heredero de los beatles, los hippies, el dietilamida del ácido lisérgico y el «mescalito», sabiamente sazonado con las profundidades del budismo tibetano… No es ni mucho menos un movimiento inocente. Es un todo; andan por detrás los mismos «superiores desconocidos» de los anóxicos himalayas, agentes diplomados del Rey del Mundo. Bien envuelta en los oropeles sútricos y tántricos, la

Psicología Transpersonal, celebrada con un entusiasmo indecible, asegura al hombre y a su médula espinal la elevación a virtualidades divinas, al pleroma cósmico, al Oriente Interior, gracias a la-serpiente-en-la-base, serpiente del Génesis, el despertar de la Kundalini ebria por la ingesta de ambrosíacos a base de esperma, huesos molidos y líquidos cefalorraquídeos.

El hombre sin religión que hemos alumbrado no es –aún así– de los Iluminados de Baviera que lo quería sin superstición, sino calvinista sin Dios, seco racionalista militante de estricta observancia. Salvo que tuviera razón Mirabeau, que publicó en Berlín un *Essai sur la Secte des Illuminés*. Describe una secta existente en Alemania llamada de *Iluminados* (son los nuestros), y dice que son los fanáticos más absurdos y enormes que quepa imaginar, que, pese a sus belicosas apariencias de Razón sostienen las supersticiones más ridículas... El hombre hoy es más supersticioso que nunca, invadido por simulacros de razón y de religión, y por el espíritu malo que se complace infinitamente con todos los sucedáneos que se mueven. Es cotidiano ver al vecino, verdaderamente de ascética o triste figura, leer fervorosamente y, con la misma febrilidad, anotar un libro cuyo kilométrico título mezcla lamaísmo tántrico y sabiduría, por medio de la exploración sexual.

Se insinúa el relente satánico (infinitamente más sutil) en el ara misma del templo interior; se insinúa en la fe «subjetiva» en Dios, en la fe devota e ilustrada cuando ésta no se objetiva. Ya que la fe subjetiva en Dios es imposible; y si ésta es imposible, podríamos afirmar coherentemente la imposibilidad de la fe. Quizás no es fácil verlo. El profesor Gershon

Scholem imprecó hace algunos años al profesor Yeshayahú Leibowitz (que lo cuenta): «*tú no crees en Elohim, tú sólo crees en la Toráh*». A lo que éste replicó: «*tú no crees en Elohim y tú no crees en la Toráh; tú sólo crees en Israel*».

Estamos cansados de ver a la religión traicionada por sus propios pastores, sustituida por un nacionalismo idólatra en cuyo nombre se puede excluir y se puede quitar la vida.

## Dólares

Algunos ponen la prueba de la supervivencia de los Illuminati en el diseño del reverso del billete de un dólar.

Los 13 estados que componían las colonias inglesas en las Américas no tenían, como es notorio, derecho de acuñación. Pero ello no era ningún obstáculo para desobedecer cuanto se pudiera unas normas británicas, que llegaban a declarar ilegal importar a las colonias moneda batida en Inglaterra. Se lo saltaron a la torera. Acuñaron cuanto quisieron moneda propia o utilizaron la ajena, ayudados por el buen hacer de las colonias del vecino gran imperio español.

Antes de todo ello, en el siglo XII, se habían descubierto y explotado en la región europea de Bohemia y Sajonia feraces minas de plata, y todavía en el siglo XVI se descubrió en Bohemia otra más rica todavía. Ocurrió a los pies del monte Klinevec, que es el más alto de los Montes Hory, en el pueblo llamado Valle de San Joaquín (Sankt Joachimsthal), pronto famoso por batir las monedas de plata llamadas *Joachimsthaler*, conocidas como taleros (o táleros). Se extendió el nombre por Europa: *Thaler* o *taler* en Alemania, en la baja Germania *daler*, en alemán *daalder*, en flamenco *dealder*, en español *táller*, *tálero* o en inglés *dólar*. De modo que *talero* y *dólar* son la misma palabra.[91]

A su vez bajo Carlos V se descubrieron en las Américas magníficas y florecientes minas de plata, con lo que, naturalmente, batieron monedas bajo la designación de *taleros* o *dólares*. Ya en tiempos de Felipe II se acuñaron, en Méjico y en Perú, las primeras monedas de plata con el nombre de *dólar* o *peso* que, más tarde, constituyeron el dólar americano.[92]

No solamente los Estados Unidos heredan el nombre de su moneda de las colonias españolas, sino que van a inspirarse totalmente de la mitología y el imaginario hispánicos. Así las columnas de Hércules a ambos lados del Estrecho. Estas columnas integran el escudo de la corona española a

---

91. Véase en www, de Rafael Castillo, *The Dollar Story. Its European Origins*
92. Eran tiempos en los que la moneda acuñada por Castilla en plata y oro ocupaban hasta el 90 % del total mundial.

lado y lado de sus armas, y se ven envueltas o rodeadas de la filacteria con la divisa «PLUS ULTRA» (*más allá*), negando así la antigua consigna latina «NON PLUS ULTRA» (*no más allá*), pues Ulises, en la *Odisea*, había estimado que no cabía ir más lejos. Más allá, el Hades, la región de los muertos, en latín *Gades o Gadis*, en español Cádiz. Las columnas helicoidalmente rodadas de su «plus ultra» $ son el símbolo mismo del dólar.

Los EE.UU, nacidos en 1776, no batieron su primer dólar hasta Octubre de 1792, en Filadelfia. Seis meses antes, el Secretario del Tesoro, Alexander Hamilton, había recomendado al Congreso que la unidad monetaria de los EE.UU fuera el dólar, conforme al estándar español, de sistema decimal, de uso mucho más fácil que el sistema británico no decimal de libras, chelines y peniques. En cuanto al dólar en papel moneda, data de 1860. Vienen representados numerosos símbolos, sobre todo de carácter masónico. En el reverso contemplamos la pirámide, ocupando el ápex, el piramidión, el Ojo que lo ve todo.

Se debe la divisa fundamental y central «IN GOD WE TRUST» al 16° Presidente de los EE.UU Abraham Lincoln. Figura a la izquierda encima de la pirámide la leyenda latina «ANNUIT CŒPTIS», del latín *cœpi*, emprender, y *annuo*, aprobar, significándose que Dios «*aprueba nuestras* [de los EE.UU] *empresas*». A la diestra el águila, y en su pico la divisa «E PLURIBUS UNUM", «*una* [nación hecha] *de muchos*». Sobre el águila trece estrellas dispuestas 1, 4, 3, 4 y 1, son las trece colonias fundadoras. En sus garras una rama de olivo y trece flechas, porque se quiere la paz, pero no hay miedo a la guerra.

Se repite el número 13. Un autor anónimo recuerda que el 13 es el número de la mala suerte: en muchos hoteles no existe la habitación número trece, ni se admite una mesa con trece comensales, muchos rascacielos pasan directamente del nivel 12° al 14°, etc. Pero vemos en cambio que hay 13 colonias originales, son 13 los que firman la Declaración de Independencia, son 13 barras en la bandera, etc. El conjunto de 13 elementos se repite constantemente en el dólar: letras de las divisas, estrellas, plumas de las alas del águila, hojas en la rama de olivo, flechas, frutos... y hay trece Enmiendas a la constitución.

Por nuestra parte recordaremos la antigua fiesta cristiana de la *divisio apostolorum* o «división de los apóstoles», que sumando doce por designación divina, se le añade un décimo tercero (Matías de nombre)[93], sustituyendo la defección del más famoso de todos los judas: Judas Iscariote. Observamos que Matías, que es el 13, completa al 11. El mismo texto lo dice (véase nota anterior): «*... Matías, que fue contado con los Once apóstoles*». El trece sustituye al doce y lo sobrepasa.

Nosotros, Europa, nos hemos dotado con una nueva moneda europea, el Euro, que pretende con razón concurrir con el dólar americano. Cojamos un billete de euro de cualquier valor: observaremos un puente en el recto, y una ventana en el verso (o viceversa). Cierto: la apertura (a todos) y el puente (de unión). Pero el euro resulta de una pobreza, austeridad, sequedad y tristeza impresionantes al lado del dólar; al lado de la vieja peseta, del franco, de la lira o de la libra esterlina dichosamente vigente.

---

93. «Lo echaron a suertes, y la suerte cayó sobre Matías, que fue contado con los Once apóstoles». Hechos, I, 26.

Hemos dejado para el final lo que más nos importa. Leíamos arriba la enseña que campea sobre la pirámide masónica, «ANNUIT CŒPTIS», y quizás nos preguntábamos qué empresa americana por antonomasia puede ser ésa que cuenta con la bendición divina (o acaso con la del *contrario*), que es la del ojo que todo lo ve desde el piramidión. La respuesta subyace a la misma pirámide, con una nueva y última divisa latina que dice: «NOVUS ORDO SECLORUM», el *nuevo orden mundial*, que en este momento propone e impone el Presidente Bush. Con muchísimo peligro. ¿Con más o con menos que el de las internacionales socialista que habían de traer el COMUNISMO al mundo?... Ese norteamericano *novus ordo seclorum* nos recuerda la altiva enseña del Imperio austriaco, «A.E.I.O.U», esto es, «Austria Est Imperare Orbe Universum» (a Austria le pertenece mandar sobre el universo mundo). El triste resultado de esta chulesca divisa, nos anima a esperar el mismo del de la americana. En definitiva, pretenden la lugartenencia del verdadero amo, el *Princeps huius Mundi*, el Gran Conspirador...

Pero hay más. En el primer escalón de la pirámide (o décimo tercero según contemos), esto es, en la base y fundamento, como si ello constituyera el asiento para la empresa, hay una extraña cifra romana: MDCCLXXVI = 1.776. No hay explicación alguna a este hecho.

Ahora bien, el 1º de Mayo es el aniversario de la internacional socialista y la fiesta del Trabajo, y 1776 fue el año de la fundación de la Orden de los Iluminados de Baviera, por Adam Weishaupt. *Post hoc, ergo propter hoc.* Cada 1º de mayo conmemoramos hechos revolucionarios, o mejor, el hecho fundacional para un nuevo orden del mundo. El dólar lo atestigua. ¿Debemos acaso leer que son los *Illuminati* los que culminarán la empresa del nuevo orden mundial, al servicio de quien sea?...

## Los Illuminati en el siglo XX

Según sus propios decires, el Sr. G.L.R., natural de Barcelona, contactó con dos miembros de los *Illuminati* en los EE.UU, y en la primavera de 1995 creó la Orden Illuminati, de la que es Gran Maestre. Tenía 28 años. Dotó a su Orden de un ritual tomado rectamente del rito operativo de los Iluminados de Baviera, elaborado en el s. XVIII por Adam Weishaupt y Adolf von Knigge. Sus otras dos fuentes fueron la adaptación de los rituales del Rito Escocés Antiguo y Aceptado de 33 grados, y sobre todo su propia experiencia iniciática en diferentes obediencias (más –debiéramos añadir– las *visitaciones* de que es objeto). Todo ello sazonado de yoga, tantra, cábala, alquimia, y todo cuanto se pusiera a tiro, etc., prácticas todas «necesarias para completar la iniciación»... aunque «sólo con Baphomet la iniciación es completa»... y el satanismo también.

Desde su creación –nos informa GLR– su Orden ha crecido a un ritmo impensable, de modo que en el 2003 había alcanzado más de 25 países.

La verdad puede ser otra porque, en total no suman cuatro gatos. Ya con 3 años, el Sr. G.R.L. tuvo experiencias sobrnaturales relacionadas con Baphomet que, inicialmente, quedaron en reserva. Luego, en su juventud practicó el deporte, llegando a ser un corredor mediofondista con importantes marcas. Posteriormente se hizo roquero, formando su propio grupo; llegó a colocar en el mercado dos discos y un CD. Acaso se deduce de estos antecedentes la gestación de una personalidad magnética, necesaria para las empresas a las que había de ser llamado. Pero en los últimos días de 1989 (tenía 23 años), una meditación mística le hizo replantearse la experiencia sobrenatural de su niñez, adentrándose desde entonces resueltamente, con dedicación plena, por los caminos de la sociedad «*OTO – Astrum Argentum*» que creara Aleister Crowley.[94] Le recibieron con los brazos abiertos.

En 1992 fue iniciado como Aprendiz Masón del Rito Escocés Antiguo y Aceptado. Posteriormente, en 1996 recibió, dice, todos los grados de dicho rito.

Durante los años 1999 y 2000 sobreviene un acontecimiento decisivo. Tenía 33 años. Una tarde de primavera recibe súbitamente una muy sulfurosa visitación, durante la cual le fue revelado –dictado– el *Liber Zion*, un conjunto de textos que proclaman el nacimiento de la Nueva Era de Zión, era de Libertad, Igualdad y Amor. El *Liber Zion* resultó –nos dice– un acontecimiento histórico dentro de la iniciación. Para su recipiendario, el Sr. G.L.R., constituyó una nueva referencia sobrenatural, tal como él mismo la relató en el n° 9 de la revista *Baphomet*:

Una tarde de abril de 1999 me encontraba relajado en el comedor de mi apartamento en Malgrat de Mar,

---

94. Conocido como *la Bestia*, el *666*. Escribió el *Libro de la Ley*, que es el modelo del *Liber Zion*.

desde donde se divisa todo el Maresme, cuando noté una impresión extraña. Tuve la impresión de que la habitación en la que me encontraba se encogía y de que el Universo también se encogía en mí. Detrás de la experiencia mística, Baphomet apareció, justo cuando el Sol se acababa de ocultar por el horizonte. Baphomet tenía la belleza de Dioniso, quedó suspendido en el aire ante mí, y me dijo que fuese a buscar un papel y un bolígrafo, porque iba a dictar el Liber Zion, el "libro de la Humanidad futura". En seguida, escribí al dictado de Baphomet (así se presentó) la primera parte del Liber Zion. Al acabar, él me comunicó: "la primera parte está cerrada"; y desapareció...

En julio de ese mismo año el Sr. G.L.R. está dedicado al arte del graffiti y a ejercer de vito Corleone; G.L.R. se encuentra *in carceres et vinculis* (en cárceles y condenas). Véase EL PERIÓDICO 1 y 2 de julio de 1999.

Prosigue su camino. Con 36 años, los Superiores Desconocidos de la Orden *Illuminati* y la *Societas OTO*, le indicaron que buscara los Misterios de los «Sabios de Memphis» en la Masonería Egipcia y en su rito de Memphis-Misraim, recibiendo autorizaciones de la Arcana Orden del Sino y del Cuervo, etc. Alcanza grados y cumbres que Weishaupt para sí hubiera querido...

Todos estos datos los hemos tomado de la página internet del citado Gran Maestre, que hoy cuenta ya con 38 años [95] y sigue. Brillante trayectoria. Cada cual juzgará... No es difícil.

---

95. Véase también en 3w.meta-religion.com/sociedadessecretas/illuminati.htm.

Diferentes páginas de internet, inglesas y francesas, lo citan o tienen establecidos sus *links* con el citado. Es increíble. Realmente, el que no hace un carrerón de Gran Zorobabel es porque no quiere.

Hay una importante similitud entre esta Orden y la de Adam Weishaupt. Ambas están desprovistas de cualquier nota de «regularidad» tal como la hemos definido, así como de cualquier carácter iniciático, a saber, capacidad para transmitir, mediante sus ritos, la más mínima influencia espiritual. No por ello hablamos de ineficacia. También es verdad que en el aire hay fuerzas no-humanas que se oponen entre sí, de modo que estos iluminados, pueden encontrarse conscientemente al servicio del *portador de la luz*, o mejor, de satán, tal como ellos mismos pretenden.

Hay también otra lección. Sería injusto achacar a GLR la ausencia de un refrendo tradicional que lo remontara a fuente. Como él, como con Adam Weishaupt, cada cual puede montarse *ex novo* su propia Orden, absolutamente con la misma legitimidad; exponiendo su alma a los mismos peligros. El problema, sin apoyo de los entes que vuelan por los aires, es que la cosa pudiera prosperar...

Es autor de varios libros. Sólo hemos leído (sin poderlo acabar), su última obra *El Iniciado Masónico*, que edita Martínez Roca, (Octubre de 2003). Nos parece una novela verdaderamente floja y aburrida. Es totalmente prescindible.

Desparecidos prontamente los Iluminados de Baviera en Europa, habrían subsistido en los EE.UU (según algunas fuentes) desde el mismo s. XVIII. Ya en 1785, un año después de la prohibición de la orden en Baviera, se constituyó en Nueva York la Logia Colombia de la Orden de los *Illuminati*.

Pero pronto perdieron todo su carácter inicial y revolucionario, aunque quizás no el apetito de poder. El iluminismo se habría mantenido hasta hoy en organizaciones como Skull & Bones (los Bush), The Shriners, Grand Lodge Rockefeller, etc. En efecto, los yankees son extraordinariamente golosos de las sociedades secretas con todos sus sainetes. En EE.UU, al contrario que en Europa, mantienen un poder indubitable.

# Capítulo IV

# Teoría de la conspiración

l siglo XX, lo mismo que los dos anteriores, está lleno de sucesos político-religiosos de muy diferente signo, lo que hace difícil cualquier síntesis reveladora. Pero si algo salta a los ojos por primera vez desde que hay memoria, es que el «tiempo de las naciones» (concepto éste de la gramática escatológica) ya está superado... Las consecuencias serán peor de lo que podamos imaginar, aunque las grandes mutaciones, para su madurez, tienen la parsimonia de los siglos. Nuestra generación, que ha visto tantas cosas, pasará y pasaremos sin que verdaderamente hayamos cambiado de contexto. El nuevo orden mundial llama a las puertas y parece irreversible, pero todavía no ha entrado en casa.

Tras los acontecimientos, en toda su variedad, se distinguen dos inductores; dos *deus ex machina* eminentemente significativos, que últimamente parecen reducirse a uno. Se les cede un protagonismo evidente o soterrado. No paran mientes en las fronteras; constituyen dos fuerzas exóticas que nos quieren traer la felicidad a la fuerza. Fueron el movimiento comunista o colectivista, y el moviminto liberal... Resiste el primero; resalta cada vez más la resolución de ambos polos en un solo: la concentración del capital; el capitalismo, liberalizado y desreglamentado, con figura de pulpo, con una sola clientela que se extiende por la redondez del mundo. Weishaupt se revuelve en su tumba como si le hubieran robado la idea, luego de prostituirla. Mientras, entre otras, siguen la confrontaciones Norte-Sur: riqueza y pobreza, mundialismo e identidad, materialismo occidental e idealismo islámico.

Sólo podemos insinuar algunos vectores. Antes de nada quisiéramos una reflexión general, pero que fuera al mismo tiempo una reflexión última.

Han existido dos *internacionales*, una revolucionaria y otra financiera. «Derrotado» el comunismo en el último cuarto del siglo XX (pero queda China, etc.), la idea de que la última haya desplazado a la primera es algo a mirar con lupa. Sobre todo si debemos contemplar ambas desde un punto de vista mucho más extenso, aunque resulte más increíble para los conspirólogos. Veíamos al Comunismo, y nos enseñaban la estrategia que perseguía para el dominio mundial; o al capitalismo, y sus redes tendidas para lo mismo. Nos enseñaban todo lo que veían: lo aparente. Y sabían que todos ellos estaban infiltrados.

Quizás la única aproximación racionalista a una explicación «global» (nos contagia la palabra), pase por el estudio de los infiltrados, los *deus ex machina* de los *deus ex machina*. Los infiltrados de un pulpo adoptan la hechura del pulpo… a no ser que el pulpo mimetice la figura de quienes lo infiltran. Para estas alturas tenemos ya claro que en el s. XVIII los Iluminados de Baviera (*eritis sicut dii*) pretendían infiltrar, para que la sociedad se volviera a su imagen y semejanza.

Probablemente (buscando sentido) ambas internacionales estaban impregnadas e incluso teledirigidas, pero no por ningún *Illuminati* ni por los «iluminados» provenientes del XVIII (que es lo que algún iluminado quiere que pensemos); tampoco por los jesuitas, que de un modo admirable, superando las difíciles relaciones últimas con la Curia, hoy como ayer se dedican –*ad majorem Dei gloriam*– a lo de siempre, siempre ejemplares en doctrina y práctica; ni siquiera por los judíos, ese gran comodín, sino (y ello se documenta muy bien) por *algunos* judíos, dominadores del campo socialista y, hoy, de lo que algunos llaman la *democracia del mercado judeo-americano*). Es significativo y hasta revelador el uso de esta designación religiosa, sin que importe substancialmente que se trate de personajes laicos totalmente despegados de su propia tradición.

Decimos «*algunos judíos*». El de *judío* es término complejo y tiene diversos contenidos: es una religión, una raza y una nación que incluye otras razas y pueblos. Como culto y fe, desde los tiempos de la vieja religión de Israel se fragmenta en sectas: saduceos, fariseos, esenios o hasidines, nazireos, escribas o soferim, príncipes o nasis, zelotes, samaritanos, qumranitas, baptistas, y, casi los últimos, los *minim* objeto de la 18ª «bendición» (los judeo-cristianos) etc. Convendría iniciarse distinguiendo a hebreos, israelitas, judíos, prosélitos, fieles, levitas, sacerdotes, rabinos, los separados por separación legal, los segregados según grado de pureza o impureza legal, y sin olvidar la división fundamental y como ontológica que separa hombres de mujeres, a los temerosos de Dios de los `am ha'arets (el bajo pueblo), y a los judíos de los no-judíos. Todos ellos pervivían en tiempos de JC, pero, tras la destrucción del Templo en el año 72, sobreviven (verdaderos herederos de Judá y de Israel –no todo el mundo estará de acuerdo con lo que sigue–), el rabinismo o judaísmo actual con su amplio espectro, y por otra parte, de la misma fuente, y con un proceso casi idéntico, el cristianismo. Con su amplio espectro: durante esta Nueva Era que ya lleva 20 siglos, el judaísmo se fragmenta en karaítas, talmudistas, fariseos, frankistas, cabalistas, hasidines, mesiánicos (judíos católicos o luteranos) y, sobre todo, según los rituales, en sefardíes, askenazis, hasidines... y los laicos agnósticos o ateos. Últimamente hay que considerar, amén de la difícil distinción entre religiosos y laicos, la gran distribución en ortodoxos, conservadores y liberales, los últimos aceptando la elevación de las mujeres al ministerio rabínico. Y los laicos: los subdividimos en «asimilados», nacionalistas, y fanáticos (nacionalistas *cuius regio* –el Estado de Israel– *eius religio*), etc.

Todos ellos[96] no suman 20 millones de individuos, para fermentar 6.000 millones de personas. Son el 0,3 % de la población. 0,3 %, ¿cuánto pesan?

Los judíos están sobrepasados por su destino excepcional que en ninguna parte, salvo mala fe, encontraremos tan certeramente descrito como en las epístolas paulinas. Podemos hablar de la «misión de los judíos» y de la «salvación por medio de los judíos» (del rescate a pagar ellos y nosotros por ellos y por nosotros, para la solución escatológica), *misión* protagonizada ahora quizás por sus peores extraviados.

Comunismo y capitalismo, de Marx a Rockefeller, encabezados por judíos; y, al final, la solución escatológica. Mientras, el juego excluyente de los *intereses*. Subterráneamente, un misterio insondable para la inteligencia. Revela la existencia de un «plan» sobre cuya naturaleza los conspirólogos se equivocan.

---

96. Sumando los judíos de Israel, EE.UU, ex URSS, Argentina, Gran Bretaña, Francia, etc. incluídos; sin incluir evidentemente a la «secta» cristiana.

El Comunismo internacionalista se destacó en la primera parte del siglo, en su pelea contra un fascismo visceralmente anticomunista y opuesto a cualquier internacionalismo. Ya hemos desarrollado este tema en un obra anterior.[97]

Fue un tema clave de la II Guerra Mundial, que ganaron también (militarmente) los comunistas. Triunfó el liberalismo hasta alcanzar la actual libertad de mercados y la globalización en potencia y en acto, todo ello de un carácter materialista contante sonante. Entre sus mismas filas, como esas excrecencias inevitables que se consiente a una intelectualidad respondona, que ladra pero no muerde, que en definitiva consiente, y que es útil porque es útil su arsenal ideológico (que es del mismo bando), emerge y surge una «Nueva Derecha» docta, fideísta, nacional-cosmopolita e influyente. Es el nutriente culto, y que proporciona algunas coartadas a ese capitalismo hoy cada vez con más protagonismo, si no con todo el protagonismo.

Nueva Derecha que entra muy fácilmente en connivencia con las corrientes esotéricas, con el hermetismo, y muchas veces con el ocultismo. Entre sus *maîtres à penser* –por lo que se refiere al pensamiento dicho metafísico– están los historiadores universitarios de la religión, grandes decidores de quién es quién. En su nómina –si en ella debemos contar a esa cumbre del espíritu, Juan Donoso Cortés– sumamos al muy pagano Evola, y también Guénon, Schuon, Eliade, Jünger, Coomara-swamy, Charbonneau-Lassay, Abellio, etc., lo que reúne en el mismo saco a cristianos, sincretistas, politeístas, tradicionalistas, metafísicos, etc. Uno de sus conceptos fundamentales es el de «Tradición primordial».

---

97. *El Priorato de Sion.* Ediciones Obelisco, Barcelona, 2004.

Se presenta como la fuente de la que todas las doctrinas, religiones y mitologías del pasado, no son sino avatares. Refiriéndose a las diferentes tradiciones y religiones,[98] René Guénon la estima el lugar común de todas: «*l'unité doctrinale essentielle qui se dissimule derrière leur apparente diversité*». A este concepto cabe añadir otros tantos, como la acción subversiva y mundial de una *contrainiciación*, y también el papel en el paisaje de determinadas sociedades secretas tradicionales, como la sociedad china de la *Gran Tríada*. La teoría de los complots es para ellos evidente. Bajo el punto de vista de lo que representan, la figura de Weishaupt se desdibuja. Cuadra mucho mejor imaginarlo liderando revoluciones proletarias.

Hemos citado la *Gran Tríada*, que es de la China imperial y hasta hoy, pasando por el maoísmo y su revolución cultural. Así se llamó también la logia guenoniana creada el 14.04.1947, en el seno del *Rito Escocés Antiguo y Aceptado*. (cfr. *ut supra*). Sus tres primeros iniciados fueron guenonianos tan notorios como Jean Reyor, Denys Roman (que redactó un ritual escocés supervisado por René Guénon)[99] y Roger Maridort, a los que se añadieron luego François Ménard o Jean Tourniac, todos perfectamente conocidos, cuyas teorías conspiratorias, largamente explicitadas en sus libros, son de muy otro calado que las usuales de los conspirólogos «oficiales» de las trilaterales y bildebergers.

---

98. En su pensamiento, y en ello discrepamos totalmente, la religión sería una forma subordinada a la tradición en la que se encuadrara.
99. Lo que demuestra que usted y yo podríamos redactar rituales... y lo que aboga a favor y acaso legitima el renacimiento de los Ilumina-dos de Baviera hace pocos años, de mano de ese señor catalán (auque nacido en África) que hizo un auténtico refrito de rituales anteriores.

# PROOFS

OF A

# CONSPIRACY

AGAINST ALL THE

## RELIGIONS AND GOVERNMENTS

OF

# EUROPE,

CARRIED ON

## IN THE SECRET MEETINGS

OF

## FREE MASONS, ILLUMINATI,

AND

## READING SOCIETIES,

COLLECTED FROM GOOD AUTHORITIES,

## By JOHN ROBISON, A. M.

PROFESSOR OF NATURAL PHILOSOPHY, AND SECRETARY TO THE
ROYAL SOCIETY OF EDINBURGH.

*Nam tua res agitur paries cum proximus ardet.*

THE FOURTH EDITION.

TO WHICH IS ADDED, A POSTSCRIPT.

---

*NEW-YORK:*

Printed and Sold by George Forman, No. 64, Water-Street,
between Coenties and the Old-Ship.

1798.

Todos aquellos y esa Nueva Derecha cuentan con medios de expresión: *Política Hermética, Études Traditionnelles, Quaderni dell'Associazone di Studi Tradizionali, Ignis, Krisis, etc.* Para todos, los sucesos son encarnaciones de realidades últimas, esto es, la historia es un epifenómeno de la metahistoria, del mismo modo a como la metapolítica explicaría la política. Aquí, en este *meta* y no en otro sitio, tendríamos la raíz y la explicación de acontecimientos mundiales de la importancia de la Revolución francesa o de la Revolución de Octubre; nos enseñaría las fuerzas en juego (que son metafísicamente contrarias –otro *meta*–), para imponer un nuevo orden mundial. Contra-rias, pero iguales: las dos fuerzas en juego (emblemáticamente Cristo-Anticristo) aspiran al imperio universal; ambas, predicarán un yugo suave; ambas, por fin, predicarán la hermandad por encima de nación, patria, familia, como lo hace implícitamente el poder globalizado.

Esos *meta* son a la historia, y aún a la historia secreta –alguien dijo–, lo que las corrientes telúricas son a la geografía sagrada. La observación es de peso. Al hablar de geografía *sagrada* nos ubicamos en un lugar que es «otro», que relacionamos con lo más impalpablemente material (pero material): las corrientes o el *respir* telúrico. Llevamos lo más alto y lo más bajo de la *tábula esmeraldina*, a sus verdaderos extremos. Aquella preposición griega *meta*, que se usa con todo descaro, se revela repleta de implicaciones que habría que explicitar.

¿Cómo negar que lo movible y temporal se inscribe forzosamente en el orden superior de lo inamovible y eterno? Para ellos todo lo que es espiritual es supraterrestre, y en cuanto al PODER (en todas sus acepciones), no es gran cosa si no está legitimado por lo Alto... o apoyado por la bajo.

La teoría conspiratoria se nutre de estos presupuestos. Los personajes verdaderamente importantes del primer mundo, como la antigua *nomenklatura* soviética, por ejemplo, han estado siempre al corriente de estas realidades.

La asociación *Política Hermética* (fundada en 1985) que acabamos de citar, tiene una visión guenoniana de la Historia. La sazona de masones con la misma alegría que con la trilateral o la sinagoga. Organiza coloquios anuales de un alto nivel, dando lugar a publicaciones de valor universitario. Sus miembros (Parvulesco, Luc-Olivier d'Algange, Jean-Paul Lippi, Paul Sérant, Paul-Georges Sansonetti, etc.) pertenecen o están en el ámbito de la Nueva Derecha. En el nº 1 de 1987, la editorial firmada por el colectivo «Política Hermética» marca los objetivos. Según ellos, los estudios científicos consagrados *a las doctrinas secretas y a las filosofías herméticas*, deben *sobrepasar el plano descriptivo*. Sería preciso demostrar la *omnipotencia* de determinados grupos minoritarios y su influencia sobre la opinión pública, es decir, utilizar la esfera del esoterismo como complementaria de la política. Esta materialización del esoterismo correría a cargo de grupos como la Masonería, la Sinarquía, y otros grupos y asociaciones.

Entre los objetivos más ambiciosos y peligrosos de esta Nueva Derecha, el de elaborar una organización político-espiritual cuya cumbre estuviera ocupada por un *collegium* de intelectuales y teóricos, con ideas y consignas a ser esparcidas en círculos concéntricos cada vez más amplios. El peligro es menor; el *tonus* espiritual de la época es tan bajo, que los grupos de presión finaciero-políticos se los zampan de un bocado... o los ponen a su servicio.

Entre los que reactualizan, uno de los conceptos más sugestivos es el de *Imperium*, con referencia al fulgor de la Cristiandad y a la herencia de Roma, transfundidos en el Sacro Imperio Romano Germánico. Es un concepto tan propio de los católicos tradicionalistas, como de neopaganos como J. Evola. Su gran teórico es, nos parece, Jean Parvulesco.

En Rusia aparece una nueva revista, ATHENAEUM,[100] que continúa el culto a Palas Atenea, la antigua diosa de la sabiduría y de la guerra justa. Bajo su punto de vista, el renacimiento de la tradición clásica (un neopaganismo) es perfectamente posible. La revista se ocupa de ciencia, técnica, historia, *raciología*, ciencias militares, geopolítica, relaciones internacionales... Trabajan en el contexto de la IV (obsérvese, no de la III, sino de la IV) Guerra Mundial, cuyas armas principales son de tipo *espiritual*. Añaden el arma de lo medios de información, la *bio*política, etc. Gran parte de su primer número está dedicado a problemas de *raciología* (¿somos una especie o varias?) con traducciones de fragmentos de libros de M. Miguel Serrano (el del círculo hermético),[101] Nietzsche, etc.

También encontramos la de *Imperio* entre los fines de la Sinarquía (llamada también «Movimiento Sinárquico de Imperio»), que acabamos de citar como uno de los grupos que practican el esoterismo en política. A nadie se le escapa semánticamente hablando, que la *sin*arquía reúne en un mismo Gobierno lo que la *an*arquía separa. En una obra

---

100. Moscú, 109462 P.O. Box 11.
101. Círculo formado con C.G. Jung y Thomas Mann. El libro de Serrano que analizan es el de la Cadena Dorada.

anterior [102] exponíamos los principios o puntos fundamentales de este movimiento, según previstos por su conceptor, el Marqués Saint-Yves d'Alveydre.[103] Son trece; trece como el trece que hemos visto tan repetido en el billete de un dólar.

Lo suscribirían sin problemas los impulsores del *Novus Ordo Seclorum*:

Para la instauración necesaria del orden sinárquico en el mundo,
1) Reconocemos y servimos la revolución integral en el mundo, conforme al eje histórico de cada país.
2) Reconocemos y servimos a la sinarquía revolucionaria como creación continua del Imperio.
3) Reconocemos y servimos al pueblo como realidad fundamental de la colectividad.
4) Reconocemos y servimos al Imperio como la realidad formal de la colectividad.
5) Reconocemos y servimos al Estado como la realidad jurídica de la colectividad.
6) Reconocemos y servimos el dinamismo del orden real que por todas partes es síntesis de autoridad y libertad.
7) Reconocemos y servimos la jerarquía natural de las realidades colectivas.

---

102  *Claves del Péndulo de Foucault*, Ediciones Obelisco, Barcelona, 1989 (1ª edición)

103.  Como decíamos en *El Priorato de Sión. Los que están detrás*, Ediciones Obelisco, Barcelona, 2004, era *«marqués por la gracia del papa y la fortuna de su esposa»*... El mismo presentaba a la Sinarquía (dice R. Guénon en un *compte-rendu*, en el que remite su inspiración a Fabre d'Olivet) como la aplicación de una doctrina metafísica y cosmólogica conservada secretamente en el interior de diferentes formas tradicionales, sobre todo en las tradiciones brahmánicas y judeocristianas.

8) Reconocemos y servimos los poderes reales en los órdenes reales.
9) Reconocemos y servimos la verdadera democracia por una justa jerarquización de base profesional.
10) Reconocemos y servimos la concordia imperial en la cooperación de las razas.
11) Reconocemos y servimos la lealtad mutua en el Imperio federativo.
12) Reconocemos y servimos la economía del Imperio abierta sobre el mundo.
13) Reconocemos y servimos la paz, como la más alta voluntad de la civilización mundial.

En frente el comunismo, con sus propios *maîtres à penser*, sus propios laboratorios ideológicos (como los anteriores) y su famosa Nomenclatura que hoy forzosamente es china. Según evidencias y confidencias, eran aquellos conscientes del juego planetario que acaso se decide entre milicias extra-terrenales.[104] Dos campos. Cae el muro de Berlín y siguen habiendo dos. Uno de ellos no supera el seguimiento incondicional del arconte de *este* mundo malo, y que es el portaluz (*luci fero*). Es fácil de comprender que estos presupuestos parezcan increíbles, cuentos, afabulaciones, o entidades alu-cinatorias de carácter epifánico (aun así, una cosa son psico-analistas y mitólogos, y otra ciertos fenómenos alucinato-rios)... a quienes, por otra parte, aceptan ingenuamente para su vida presupuestos mucho más increíbles.

Su acción no es sensible para Don Fulano de Tal, vista la gruesa epidermis de nuestro vecino.

---

104. *Extraterrestres* significa otra cosa…

Dos campos representados clásicamente en izquierdas y derechas. Dos, cada uno con su propia naturaleza espiritual (incluso teológica) y metapolítica; con su propia gravidez y visibilidad; con sus propias encarnaciones paródicas. Sectarios, satanistas, maniqueos, neognósticos, iluminados de todo tipo, etc, por un lado, y por otro, fundamentalistas de las tres religiones.

Por debajo de los unos y de los otros, el mundo inmisericorde y opresivo de las grandes finanzas y de los grandes capitales, multinacionales, petroleras… ellos con sus propios concilios y *maîtres à penser* persiguen –se dice– e imponen ya su *novus ordo seclorum*. Su propaganda planetaria cuenta con presupuestos ilimitados. Son visibles. Todos los conspiranoicos y los conspirólogos nos darán la nómina y dirán sus obras y milagros, con pruebas o sin ellas, pero siempre con un convencimiento de mula: los Bilderberger,[105] la Comisión Trilateral,[106] la CIA, el FBI, el CFR (*Council of Foreign Relations*), el Club de Roma,[107] algunos agentes de la UCLA (universidad de California), añadiendo los más literarios a los *Illuminati*, con su objetivo de dominación mundial, etc. [108] Entrar en cada una de estas satánicas sinagogas es el tema de aquellos, y no el nuestro.

---

105. Fundado en Mayo 1954 en Holanda por el Príncipe Bernard de los Países Bajos, y está compuesto por 120 magnates de las altas finanzas. Se proponen crear un gobierno mundial.
106. Creada el 1972 por David Rockefeller, con el mismo fin de crear un nuevo orden mundial.
107. También creado por el clan Rockefeller, reúne a los miembros del stablishment intenacional de 25 países.
108. cfr. Anne Givaudan, «*Los Dossiers del Gobierno Mundial*», Edición Graal, 2003. La autora, gran practicante de los «viajes astrales», es, a juzgar por su obra, una de las más conspicuas conspironeuróticas.

Está la masonería americana: 9 de los 13 firmantes del Acta de Independencia el 4 de Julio de 1776 eran masones; más del 60 % de los Presidentes americanos han sido masones; lo mismo el 80 % de los altos oficiales del Ejército; hay 52 Grandes Logias (una por cada Estado), con un total de 15.000 logias y 4.000.000 de afiliados. Hay otros tantos en sociedades paramasónicas. Su influencia política y financiera, en los EE.UU, es considerable.

Su acción es sensible, afecta a la libertad, igualdad y fraternidad de Don Fulano de Tal, y afecta al contenido de su bolsillo.

Mientras tanto, los jefes de gobierno de los países con fuerza nuclear, no se desplazan un metro sin llevar bajo el brazo la cartera y el botón con el que desencadenar el Apocalipsis.

Es el tema de los *conspiranoicos*, grave síndrome de quienes ven conspiraciones por todas partes; excelente clientela para escritores conspirólogos cuyo mayor exponente –hoy– es el americano Dan Brown.[109] Es increíble la publicidad conspirativa que los apoya. Si viaja usted por los trenes de cercanías camino o de vuelta de su trabajo, verá con toda facilidad unas cuantas personas, más bien mujeres, puesto que son las que más leen, que sostienen en mano una de sus novelas, la cabeza dentro. Es fascinante observarlas.

Aquellos –más si son americanos– tienen sus propios clubs de conspirólogos y sus propios portales y avenidas en Internet. Se fabrican enlaces con Superiores desconocidos y detectives de lo oculto. Abonan el terreno para movimientos masónicos que aprovechan para mangonearlos en un cruce de intereses a veces difícil de dilucidar.

---

109. Autor de *El código Da Vinci*, *Angels and Demons*, etc.

# Capítulo V

# Secretos vaticanos

ás difícil de entender que la infiltración de una supervivencia de los Iluminados en los Gobiernos, o que una conspiración de las élites o que un Nuevo Orden Mundial, sería el empecinado interés de infiltrarse en el Vaticano. No estamos en el siglo XVIII, y su influencia en los negocios es nominativa y fragmentaria, pero no real o práctica. Sin embargo la escondida obsesión de Weishaupt era SER la Compañía de Jesús, y así, SER la Iglesia... Estamos abandonando aquí la exploración lineal de su conducta. Todo indica que sólo quería de los Padres la probada organización, de tan probada eficacia. En contra de la navaja de Ockham que clama por la solución más fácil, en estos terrenos en los que juega el Espíritu, y poniéndonos en la sociología de los extraviados, sólo lo complejo tiene alguna posibilidad de ser. Weishaupt era un creyente. No olvidemos que el congregante mariano se *convirtió* al maniqueísmo al ponerse al servicio, no de la luz, sino del portador de la luz. Es un misterio tan actual como ominoso, éste por el que el portador de la luz se enfrenta con la luz. En este ámbito de lucha invisible y en esta realidad objetiva carente de apriorismos, Weishaupt atina al elevar el nivel. La mera acción social puede dejarlo tan cortado de las raíces del cielo (desde donde se labora la tierra), como nuestra modernidad lo está. Su gnosis, su interés, su obligación, era infiltrar el Vaticano, sin importar las apariencias mundanas del papel que pueda jugar en el presente.

Hubiera sido su éxito... de haberse perpetuado hasta hoy. Este duro *hoy* que ha sustituido lo religioso por la incomprensión completa de lo religioso, pero con todos los rasgos de lo religioso...

Se dice que en el Vaticano todo lo que no es sagrado es secreto. Hay un juego de palabras, y además referido a términos polivalentes. Lo *sagrado* y lo *execrable* (misma raíz *sacer*, que une en sí lo benéfico y lo maléfico) se encuentran primos hermanos en el mismo camino. Ejemplo en Horacio: su famoso *«auri SACRA fames»*,[110] aparentemente *«hambre sagrada por el oro»*, significa en realidad *«execrable hambre de oro»*. En la anatomía humana lo más sagrado, el órgano que da la vida, se encuentra a un centímetro de lo más execrable, fuente de las «excretas». *Excreta* y *secreto* son de la misma raíz. Esa anatomía humana a la que nos referimos se tiene precisamente en secreto, salvo impudicia.

Mutatis mutandis los secretos vaticanos –de haberlos (y cómo no, con tantos siglos de historia ininterrumpida)– puede que sean sagrados o puede que execrables. O puede todavía (sin restricción mental) que sean ambas cosas a la vez para un mismo bien público o para estómagos delicados.

Para el imaginario, «secretos vaticanos» quiere decir por nuestros pagos que la Iglesia oculta algunos que, de conocerse, supondría quizás el fin del Cristianismo y de la Institución.

---

110. *Quid non mortalia pectora cogis, auri sacra fames?* (Virgilio, *Eneida* 3, 57).

Lo que quiere decir que Teresa de Jesús, y Teresita, y el ingénuo Cura de Ars, y Pío de Pietrelcina vivieron engañados.

Sería más justo decir que el Vaticano cultiva la discreción. Son unos cuantos siglos de historia sin que haya instituto humano vivo que se le acerque en longevidad. Siglos de acumular archivos y secretos que, quizás, pertenecen a terceros, vivos o difuntos (sobre todo difuntos), cuya confidencialidad, tanto como el secreto de confesión, se respeta de

*Papa Juan Pablo I*

modo perenne. La Iglesia es su depositaria, pero «estar», está para otra cosa. Hace bien en callar. El morbo de la gente, que tenía que tener de sobra con la TV, se sobreexcita hasta los espasmos más genesíacos con este tema, firmemente seguro de que lo que se guarda en secreto es la ropa sucia. Y nada le gusta tanto. Piensa en los más ominoso e inconfesable, en cuyo defecto acepta lo que le den. Se tiene que contentar con supuestos secretos de los que se ha hablado con abundancia: la postura de Pío XII frente a los nazis, el de las *cuevas* del Vaticano,[111] el de sus finanzas, los archivos secretos en los sótanos de San Pedro, o las causas de la muerte de Juan Pablo I.

---

111. *Les caves du Vatican*, novela del pedófilo André Gide que reeditó y reedito Gallimard.

Cualquier biblioteca tiene su zona restringida, como no sea sino a favor de los delicados documentos que debe proteger. Para su acceso hay que mostrar pata blanca. También podríamos decir que las cuevas de Lascaux o de Altamira son archivos cerrados a los que nadie tiene acceso. Sabemos que no es lo mismo, porque sí tenemos acceso a sus copias. Aún así, no hay nada extraño si la Biblioteca Vaticana, con archivos recopilados desde hace 15 siglos y más, obre con la más extrema prudencia. Vista la mala fe de la gente, y la de los escritores que saben lo que venden, deseamos que siga igual.

Entre los instrumentos más notorios del secreto está la Sagrada Congregación para la Causa de los Santos, por tanto con secretos relativos a las causas de los Santos, pero también en lo concerniente a apariciones y fenómenos paranormales... También la Sagrada Congregación para la Doctrina de la Fe (ex-Santo Oficio), que dirige el cardenal J. Ratzinger. Y eminentemente el IOR (Instituto para las Obras de la Religión, –cuya gestión sería secreto de Estado–, implicado en la quiebra del Banco Ambrosiano con el malvadísimo Marcinkus al frente, además del asesinato de su Presidente Roberto Calvi, el tema de la logia masónica P2, etc.

La tierra tiene un campo espiritual[112] polarizado entre dos fuerzas contrarias. Todos los observadores de cualquier signo reconocen el papel fundamental que ha desempeñado el Papa reinante, un viejo enemigo muy conocido por la KGB, en la caída del comunismo *moralmente perverso* (Pío XII *dixit*), en

---

112. Véase a este respecto el cap. del mismo nombre en la obra *«Bras de fer KGB – Vatican»* (Pulso KGB-Vaticano), de P. Gabriel, P. Bréchant éditeur, París, 1991.

un contexto en el que 32 países, totalizando 2.000 millones de personas, se encuentran bajo un régimen comunista. No olvidemos que los ideólogos de la URSS estaban a la espera del advenimiento del Comunismo para todo el planeta, lo que, según los chantres de la ideología, estaba ya científicamente asegurado. La Iglesia nunca ha visto al Comunismo del mismo modo. Lo ve como un suicidio metafísico, situándose aquella en ese campo de fuerzas donde se desarrolla la verdadera batalla. En el magno acontecimiento cuyo colofón fue quizá la caída del muro de Berlín, ve la intervención providencial de la Virgen de Fátima de acuerdo con sus promesas. Previamente, el 8.XII.83, Juan Pablo II había escrito a todos los obispos del mundo,[113] invitándoles a unirse a su «Acto de ofrenda a la Virgen María» los días 24 y 25 de marzo del año siguiente. Respondía así a la demanda expresa de Nuestra Señora de Fátima del 13.VI.1929. Ante estos hechos, la nomenklatura (cuyos miembros más conspicuos, encuadrados e «iluminados», sabían todo de esta batalla), no sonrió para nada.

Las gravísimas escaramuzas son continuas. Del 13 de Mayo al 13 de Octubre de 1917 se suceden las apariciones de Fátima, con el comunismo y Rusia en el centro de las mis-

---

113. Cfr. L'Osservatore Romano del 18.II.1984. Se trata de la «Carta a todos los Obispos» dada en el Vaticano el 8.II.83. Leemos: «[…] Cara a las amenazas que pesan sobre la humanidad contemporánea, y que tienen sus raíces en el pecado… en el contexto del Año santo de la Redención, quisiera proclamar este poder con vosotros y con la Iglesia entera. Quisiera proclamarlo con la intermediación del Corazón inmaculado de la Madre de Dios, que ha experimentado este poder salvífico con una intensidad completamente especial.. Las palabras del acto de consagración y ofrenda que adjunto corresponden, con ligeras modificaciones, a las que pronuncié en Fátima el 13 de mayo de 1982», etc.». Siguiéndose el «Acto de Ofrenda».

mas. El 12 de Octubre de 1960 Khruchtchev golpea histérica-
mente su pupitre con el zapato, en plena Asamblea general de
la ONU, que abandona bruscamente el siguiente 13.X. Se
acaba de enterar que el *arma absoluta* sobre la que venía fanfa-
rroneando los días anteriores, un misil intercontinental dotado
de un reactor nuclear, y cuya posesión iba a proclamar en la
misma sesión, había fallado en su lanzamiento. Explotó 20
minutos después de acabar la cuenta atrás, causando la muerte de 300 personas, y entre ellas, el Mariscal Nedelín y la flor
y nata de sus físicos nucleares. Precisamente para la misma
noche del 12 al 13, el Papa Juan XXIII había pedido una vigi-
lia de oración en Fátima, que había congregado más de un
millón de peregrinos. Era el aniversario del prodigio solar que
allí acaeció en 1917 ante 70.000 personas, 5 meses después de
la primera aparición el 13 de Mayo de 1917. En su fecha aniversario de 1981, el 13 de Mayo, un atentado en la Plaza de
San Pedro acaba casi con la vida de Juan Pablo II.

Tres años más tarde, el 13 de Mayo de 1984, se liquida el
arsenal de Sevoromorsk, destruyéndose el 50 % del poder
ofensivo de Rusia. Coincidencias. Secretos vaticanos, como
éste de las mariofanías citadas. Todo ello, puros hechos.

Como decía Lenin, los hechos son cabezudos.

Uno de los capítulos, muy corto, del siempre interesante
Jean Parvulesco en su obra *Les Retours des Grands Temps* [114] lleva
por titulo *«De l'assassinat de Jean Paul I à la tentative d'assassinat de*

---

114. Ed. Guy Trédaniel, 1997. Sigue a *«La Spirale Prophétique»*, del mismo
   editor. Esta *«espiral profética»* debía abocar precisamente en *«el retorno
   de los tiempos de la gran historia»*...

*Jean Paul II*». Se refiere en primer lugar a un artículo del tan celebrado como nauseabundo teólogo Hans Kung, gran amigo de la modernidad (que por eso le agasaja), como enemigo de la mariología, de la fe eucarística y del primado pontificio. Persigue expresamente la finalidad muy bien reflexionada, calculada y medida, de desestabilizar la Iglesia, remitiendo al Papa a los trasteros de la Historia. Opina Parvulesco que existe un complot abierto contra Roma en el interior mismo de la Iglesia, y que se trata de un complot planetario. Y es donde situamos al teutón, que si lo han visto en imagen sabrán que es bello como un SS. E igual de peligroso.

A este y otros propósitos nos habla Parvulesco del deshonor ontológico y del suicidio espiritual en el que cae nuestra sociedad. Lo suscribimos con nuestra propia mano. Por lo menos hasta ahí, porque el artículo habla en primer lugar del libro de David Yellop «*A t-on tué le Pape Jean Paul I?*», que concluye diciendo: «*Como deseo evitar las insinuaciones graves, en su lugar haré una afirmación categórica: estoy totalmente convencido que el Papa Juan Pablo I, Albino Luciani, ha sido asesinado.*»

Elevado a la Sede de Pedro el 26 de Agosto de 1978 bajo el nombre de Juan Pablo I, que recopilaba el de sus dos antecesores, el patriarca de Venecia Albino Luciani reinó treinta y tres días y una noche. En sus extrañas profecías, Malaquías lo había nombrado *De Medietatae Lunae*. En la madrugada del 28 de septiembre del mismo año, lo encontraron muerto en sus apartamentos del Vaticano, solo, en la desolación más grande. Parvulesco dice algo terrible cuando añade «*sin los auxilios de la religión*», lo que es exacto.

Según Parvulesco se trataría de una ejecución preventiva, una ejecución de alta seguridad eclesial y teológica, pues el sueño pontifical de Juan Pablo I sería, según las palabras de David Yellop, un sueño revolucionario y anarquista. El análisis lleva a identificar el suceso con lo que San Pablo ya había llamado en su Epístola apocalíptica II Tesalónicos, el «*mysterium iniquitatis*». El *mysterium iniquitatis* es misterio porque también encierra una parte de santidad (obran las parábolas evangélicas: el mal crece con el bien, y no se discrimina hasta el momento de la siega). Lo que quería el Papa era remplazar el supremo poder pontifical, con el ejercicio de una colegialidad episcopal de carácter planetario, con lo que emergería una mayoría colegial no europea. Esto en cuanto a lo menos (¿qué importancia?...); en cuanto a lo más, callamos. No nos lo creemos, y no lo contamos. Seguiremos dos párrafos.

Según el libro y en plena desinformación (creemos), en el propósito teológicamente errático de Juan Pablo I, estaría conceder en el interior de la Iglesia una posición confortable, si no más, a la enseñanza de un Hans Kung, al paranoico Schillebeecks, o a la teología de la liberación, que para él expresaban el deseo profundo de retorno a la iglesia de los orígenes. También deseaba igualmente una conciliación con las tesis aberrantes (si no perversas) de la Iglesia de Holanda. Por último pretendía la autoliquidación de los haberes bancarios y otros de la Iglesia, petición que –se dice– habría helado la sangre en las venas del Secretario de Estado Jean Villot. Según los mismos, desde el inicio de su pontificado y en base a algunas expresiones coloquiales que empleó, también se ponía en duda su estado de salud mental.

Opina Yellop que una cortina de tinieblas cayó sobre la Iglesia católica ese 28 de Septiembre de 1978. El asesinato, sin embargo, habría sido como una decisión «*inspirada*», el fin justificando los medios. El asesinato debía realizarse a escondidas. La muerte repentina tenía que obtenerse de manera que se redujeran al mínimo las preguntas del público y la inquietud general. La manera más eficaz para hacerlo era el veneno que, una vez administrado, no dejara ninguna traza exterior. Cualquiera que fuera el o los que proyectaron matar al Papa, debían tener un conocimiento preciso del interior del apartamento vaticano y de los usos y costumbres, lo que parece exacto, siempre que, efectivamente, se tratara de un asesinato. Para Parvulesco, con esta muerte se abre un inmenso y oscuro abismo teológico, y se pregunta, y otros con él, por el sentido último y como *providencial* de esta muerte; cómo fue ello posible.

De paso nos recuerda la muerte trágica y repentina, unos días antes, de Nikodem (Nicodemo), el arzobispo ruso ortodoxo de Leningrado que, a su vuelta de Fátima, habría conocido la gracia de una iluminación particular completamente decisiva, y que cayó fulminado muerto en los brazos de Juan Pablo I en la audiencia especial que le acordó el 5 de Septiembre de 1978. En su libro, David Yellop añade esta maligna observación: *«se decía en los pasillos del Vaticano que Nikodem había bebido una taza de café preparada por Albino Luciani»...*

Este viaje del arzobispo Nikodem, agente de la KGB, a Fátima, constituía la escenificación de una inminente o próxima conversión de Rusia, según los deseos de la Virgen. Algunos sabían ya la atención obsesiva que prestaba Andropov (anterior Director de la KGB, y en la época Presidente de la URSS), así como la Nomenklatura, al tema de Fátima (creemos que por razones metafísicas, aunque bastaría el apasionamiento que levantaba en la cristiandad), de modo que, desde 1917, seguían atentamente los áleas relativos a las apariciones, cuyo ápice tenía que ser la Consagración oficial de Rusia al Corazón Inmaculado de María, a ser proclamada por el Papa en comunión con todos los obispos del Mundo. La 7ª sección del Departamento esotérico de la KGB se ocupaba del seguimiento de esta tema.

Según las mismas fuentes o los mismos conspirólogos, el Cónclave que eligió a Juan Pablo I fue subversivamente manipulado. Como extraño resumen: Juan Pablo I habría sido la víctima inocente, víctima expiatoria y secuestrada por lo que el Archiduque Otto de Habsburgo llamó una vez la *omnipotencia negativa*.

Siendo Patriarca de Venecia, Albino Luciani, presidió en Fátima en 1977 las ceremonias del aniversario de las apariciones. 60 años antes, la Virgen había dicho: «Si escucháis mis demandas, Rusia se convertirá y habrá paz. De otro modo, extenderá sus errores a través del mundo, provocando guerras y persecuciones contra la Iglesia. Los buenos serán martirizados; el Santo Padre tendrá que sufrir mucho, y varias naciones serán aniquiladas. Al fin, mi Corazón Inmaculado triunfará. El Santo Padre me consagrará a Rusia»...

El año siguiente visitó a Lucía, la vidente de Fátima, que le insistía que el Santo Padre tenía que consagrar a Rusia, no al mundo, ya que la Madre de Dios fue muy precisa en su petición, sin que cupiera ninguna ambigüedad. La consagración debía ser asegurada por el Papa, en comunión con todos los obispos del mundo. Una vez Papa, Albino Luciani se propone hacerlo. Fátima es la solución para el mundo, pero le plantea un problema; el mismo problema planteado a sus antecesores. Porque un Papa no debe obedecer a revelaciones privadas, que nunca son de fe, y porque todo está ya en los Evangelios. De modo que si consagra Rusia al Corazón Inmacula-do de María, junto con todos los obispos venidos a su lado, será fuertemente criticado por haberse conformado a una revelación privada.

*Lucía, la vidente de Fátima*

Pero Juan Pablo I está decidido, y esto y no aquello, según la tesis del jesuita P. Gabriel en su obra *«Bras-de-Fer KGB – Vatican»*[115] es lo que le llevará a la muerte. Porque el análisis de Parvulesco y su complacencia con la obra que analiza nos parecen, en este caso, simplemente erróneos. Parvulesco se deja llevar por su obsesión multidireccional de conspiraciones y complots.

Los dirigentes soviéticos conocían y «creían» el mensaje de Fátima y lo temían, por lo que tenían echado un pulso (*bras de fer*) a los cristianos y a sus Iglesias. Sabían que éstos eran los principales opositores al marxismo-leninismo, y si los cristianos creen en Fátima, Fátima es de primera importancia para el KGB, crea o no crea el KGB en Fátima. Bajo el punto de vista soviético, el asunto no podía plantearse en otros términos. Y la consagración de Rusia a la Virgen de Fátima, y la difusión planetaria de dicho acto metafísico, no podía no traer consigo las más desagradables consecuencias para el gobierno soviético.

---

115. Ed. Francis Brochart, éditeur. Tiene como subtítulo: *«Le KGB croyait-il à Dieu? – Fatima... le secret de Dieu»*.

Tomada la decisión, Luciani la comunica a sus colaboradores, y el asunto trasciende en la Curia. Para muchos de ellos, la «teología de la liberación» es mucho más importante que una devoción privada, y además no conviene molestar a la poderosa Rusia. El asunto llega al conocimiento del Kremlin.

Y envían a su agente, el mismo que anteriormente ya había negociado con el Vaticano la participación de obispos rusos en el Concilio, a cambio de que éste no condenara de nuevo al comunismo como «intrínsecamente perverso». Es el metropolita Nicodemo, nacido en 1929, hijo de un miembro del Partido, y por entonces obispo auxiliar de Leningrado, nombrado Director del Departamento de Relaciones exteriores del Patriarcado de Moscú.

Está encargado de chantajear al Papa con el siguiente mensaje: el Papa debe renunciar a su decisión de consagrar a Rusia; en caso contrario se seguirá una represión religiosa de tal calibre, que la existencia misma de la ortodoxia rusa se verá gravísimamente amenazada.

La entrevista del Obispo mandatado por la KGB y el Papa, tiene lugar el 5.IX.1978. Albino Luciani lleva 10 días de Pontificado. El General de los jesuitas, Padre Arrupe, conduce a Nicodemo a la biblioteca privada del Papa, que es donde va a tener lugar la audiencia solicitada por Nicodemo.

De repente el Obispo Nicodemo se siente indispuesto y se levanta lívido. A su vez se levanta Juan Pablo I y se precipita hacia su interlocutor, que se desploma entre sus brazos y muere. Fue el punto culminante de su Pontificado..

Juan Pablo I sigue sin embargo con su decisión de consagrar a Rusia. Le quedan justo 22 días de vida…

Todo ello repercute en el reino de Juan Pablo II, que obedece ocultamente a la espiral en acción de la divina Providencia. Pontificado bajo el amparo de María: «*Totus Tuus*» es la divisa de Juan Pablo II.

La *Hora* es inminente. El Enemigo ontológico de todo lo que somos parece obrar con total libertad, tanto en sus actos como en sus declaraciones y en sus *confesiones*. Los cristianos que viven el *kairós* (el «tiempo oportuno»), esperan confiados la liberación prometida.

# Conclusión
# La lucha final

a solución temporal de las tradiciones genéricamente orientales es la ciclológica, dividiendo la duración del tiempo, sin comienzo ni fin, en *kalpas* o mundos que se agrupan en unidades superiores o *manvantaras*, cada uno constituida por 14 de ellos. Cada *kalpa* se divide a su vez en las 4 Edades clásicas, de duraciones respectivamente decrecientes según los múltiplos de los factores de la *tetractis* pitagórica: 4, 3, 2 y 1 (suman 10). Finiquitada la última Edad, los tiempos se resuelven en una *apocatástasis*, un muro de contención tras el que se reinicia «todo» en un eterno retorno.

Si la primera Edad (edad de Oro) dura como 4, la última Edad (de hierro, o *«kali-yuga»*, edad de la diosa Kali o de la destrucción) dura como 1. A medida que las edades se vuelven más duras y oscuras, los tiempos providencialmente se abrevian. Si la Edad de Oro duró 40.000 años,[116] la de Plata duró

---

116. Según quién encontraremos cifras diferentes, basadas en la precesión del punto vernal u otro criterio, pero respetando siempre las proporcionalidades.

30.000, la de Bronce 20.000 y el kali-yuga 10.000 (desde el comienzo del neolítico; desde la primera fundación de Jericó, aproximadamente. Según los «expertos», estamos viviendo en estos momentos los últimos minutos del Kali-yuga del 7° Kalpa del «n» Manvantara, con el mensaje de que estamos más o menos en la mitad y en el centro de todo, o al menos en el de nuestro Manvantara. Porque el hombre es el centro.

Una característica fundamental del sistema es que cada unidad resume en su duración la totalidad del conjunto en el que se inscribe, de modo que la Edad de Oro (*«dichosa edad y siglos dichosos aquellos que los antiguos llamaron dorados»*) se subdivide en oro-oro (16.000 años), oro-plata (12.000 años), oro-bronce (8.000) y oro-hierro (4.000) dando un total de 40.000 años. Estaríamos ahora en el kali-yuga del kali-yuga: 1.000 años de duración, aproximadamente desde el Cisma de Occidente, pudiendo proseguir… como si proviniera nuestra Hora del Neolítico, de ese Cisma, de la Revolución francesa y de la Revolución de Octubre. Muchas personas lo sienten de este modo.

Contexto que revela una hilación indudable, los tiempos son siempre subordinados, recapitulatorios, apreciándose una lógica, el peso de un *karma* colectivo, ofreciéndole al estudioso una posibilidad de predicción.

En las tradiciones monoteístas hay un cero del espacio-tiempo que coincide con el *fiat* creador, y un final que será recapitulatorio, pero de un modo totalmente distinto: recapitulatorio de la historia del hombre; no un resumen de las edades. Además, este final que esperamos no responderá a ninguna lógica. *Vendrá como un ladrón.* Es el fin de las conspiraciones y complots.

Según tradiciones y profecías, la Segunda Venida de Jesucristo será precedida por la lucha escatológica que clausurará la Historia. Hay un enorme palabreo reciente sobre este temor y esta esperanza, palabreo esotérico y palabreo ignaro; y casi siempre americano. Primero una lucha. En su relato esotérico «*Rapport secret à la nontiature*», Jean Parvulesco revela que Francia sobrevivirá gracias a la *reactivación* total del Sagrado Corazón de Montmartre…

Vamos a intentar una mirada sobre las circunstancias que rodearán estos hechos decisivos.

La primera constatación:[117] esta Venida (el Mahdi para los musulmanes, el Mesías para los judíos, la Segunda Venida o *parusía* para los cristianos) debe darse como una *ruptura* histórica; no una consecuencia, un fruto maduro, sino como oposición dramática frente a lo que se conoce como «sentido de la Historia». No ocurrirá en la línea de la evolución histórica, sino precisamente a contrapelo. «*Vendrá como un ladrón*». Por lo que, bajo el punto de vista mundano, la Segunda Venida será catastrófica; no pacífica. Así lo han entendido siempre la Iglesia y el saber cristiano. Se deduce del único libro inspirado sobre el fin de los tiempos, que es el Apocalipsis. Puede ocurrir en lo mejorcito y en lo más brillante de cualquier nuevo orden mundial, sea del signo que sea. Precisamente, el tema del Apocalipsis es el del derroca-

---

117. Véase a este respecto de la lucha escatológica, el artículo «*Una mirada actual a los signos del retorno de Cristo*», de Federico Mihura seeber, que publicó la revista argentina *Gladius*, nº 51, del 15 de Agosto del 2001, artículo recogido por la revista de los jesuitas *Cristiandad*, de Septiembre-Octubre del 2001.

miento de cualquier orden *humano* para instaurar el orden divino, único que conocía o estaba destinado a conocer el Adán Qadmón de los orígenes.

De modo que el fin no será un acabamiento lógico de la Historia, sino una catástrofe inesperada y definitiva, que los fieles, las *vírgenes sabias*, deben esperar con alegría, ya que *«andad animosos y levantad vuestras cabezas… porque se acerca vuestra redención».*[118] De ahí que la Iglesia repita continuamente: *«Maranatha; Ven pronto, ven Señor Jesús».*

Previamente habrá una lucha y una feroz persecución contra la Iglesia, coaligados contra ella –nada nuevo– todos los conspiradores y todos sus enemigos. En esta lucha quedará involucrado el Cosmos, el visible y el invisible. No se trata por tanto de una catástrofe natural o ecológica, ni el resultado de una nueva Guerra Mundial en la que la Iglesia sería una víctima más. Al contrario, el fin de la Historia está directamente relacionado con ella. Lo que quiere decir que la Historia en su devenir, de ayer a mañana, está relacionado con la Iglesia; es función de ella. Todos los *Illuminatis* daban en la verdadera diana al significarla como su verdadero enemigo.

*Vendrá como un ladrón*, pues el mundo no cree en tales acontecimientos ni en tal protagonismo, aunque los «iluminados» y todos sus odiadores han estado siempre en el secreto: la Historia *de la Iglesia* es la clave. De ahí su persecución: vencerla, sería ganar la guerra que atemporalmente conducen los *«portadores de luz»*. El objeto de la pelea: los hombres. Pero Cristo vendrá en Gloria y Majestad, como juez y ven-

---

118. Lc. 21, 28

gador de la sangre de sus fieles, y para poner a sus enemigos bajo sus pies.

Las otras religiones poseen los ecos anticipadores de lo que está por venir: la batalla de Gog y Magog; la venida inesperada del Mesías hijo de David,[119] según algunas tradiciones preparada por el Mesías hijo de Leví y el Mesías hijo de José; el qumránico enfrentamiento último entre los hijos de la luz y los hijos de las tinieblas; la venida o manifestación del Mâhdi, el Resurrector, hasta entonces Imán oculto entre la cosas del mundo, según el islamismo duodecimal, coránicamente presentado también como preludio de la Segunda venida de Jesús, etc. Algunos podrían pensar en una filiación entre judaísmo, cristianismo e islamismo, pero son las diferentes *teologías* las que independientemente descubren las ultimidades.

Las religiones paganas, no concluyendo en un vector temporal (único que da sentido), se apuntan a las teorías de los ciclos o edades. Para el hinduismo, estas batallas últimas se repiten indefinidamente: cada vez que concluye un *Kalpa*; cada vez que concluye el conjunto de las edades que componen un ciclo; cada vez que concluye una de sus edades, porque estamos en un sistema de cajas chinas o de *katiuskas* rusas. En contra de sus presupuestos vedánticos, estos hechos indefinidamente repetitivos y no resolutorios, paradójicos con su doctrina *advaita*, predican a favor de una pluralidad; a favor del dualismo propio de las doctrinas zoroás-

---

119. Que los judíos piadosos piden «*durante nuestra vida, en nuestros días, y en vida de toda la casa de Israel, próximamente y en tiempo pronto. Dígase Amén*». Del Qadish de los judíos.

tricas y de todos los gnosticismos, todos ellos dualistas de dos principios que se equivalen. Es obvio: la lucha entre dos se repite sin resolución *per in secula seculorum*, eternamente dos... Porque no podemos pensar en una involución (la marcha regresiva de las edades) sin un principio involucionador; sin un segundo principio de la termodinámica espiritual, contrario a la ley negantrópica de la vida.

En cuanto al cuándo no lo sabemos, pero se nos pide estar atentos a los signos precursores del tiempo que se acerca, aunque no son signos inequívocos. Sin embargo, nos aportan un conocimiento, aunque es un conocimiento de probabilidad. Por ello, una mente rectamente ordenada tendrá siempre una palabra que decir sobre los *signos de los tiempos*.

Todos podríamos citar acontecimientos predecesores, anunciadores, cuya secuencia predica a favor de una aceleración. Momentos agónicos de conclusión histórica, de consumación, de catástrofe, de final de una totalidad, de recapitulación, de presagio, de última resolución. Tenemos en Occidente la caída del Imperio Romano previamente cristianizado; la invasión de Europa por los enjambres de Mahoma; la Reforma y las guerras de religión; las revoluciones francesa y rusa; las guerras mundiales y los genocidios; el terrorismo indiscriminado. Pródromo de cada acontecimiento, el Espíritu de Cristo no cesa de oscurecerse: la Iglesia se afina; su cuerpo militante adelgaza, porque su mensaje cada vez interesa menos. La juventud de hoy, con carácter general, no tienen ni idea de la doctrina cristiana que poseían con clarividencia sus mayores. Hablar hoy de estos temas es como hablar en ruso a los indios algonquinos. Tiempos clausurales, la religión es más y más invisible en la ciudad, refugiándose atemorizada en el foro interno de quien la porta. La iglesia militante tiene un frío de espanto, mientras suda de miedo al contacto con la modernidad frívola que nos rodea. Iglesia-Mundo; Cristo Anti-Cristo.

Es lógico que el testigo del Terror revolucionario de Junio 1793 a Julio 1974 pensara que había llegado el fin, y así podríamos decir de los demás terrores que ha conocido la Historia: genocidios, Kmer rojos, tutsis y hutos... Además, *«¿quién no tiende a identificar el fin de todo aquello que le es familiar en su contemporaneidad, con el Fin de todo? Pero por otra parte, si aquellos se equivocaron al identificar lo que era Fin-parcial con el Fin-final fue, sin duda, porque siendo signo lo segundo de lo primero, se le parece. Y si hay una progresión de gravedad creciente, los fines parciales más próximos se asemejarán al Fin-final cada vez más. Y el equívoco será cada vez menor, hasta que deje de serlo en absoluto».*[120]

«Si el amo de la casa supiera a qué hora viene el ladrón»..., pero nadie sabe el día ni la hora.

¿Cuáles son los signos? La nómina es larga. El primero, es el de un mundo globalizado, sujeto a la tiranía de la *opinión pública* y al poder del dinero. Hay más: la proximidad a un tipo de dominación ilimitada y universal, del que nadie podrá sustraerse; la cancelación de las Naciones y de las patrias, instaurándose un poder mundial, un *Novus Ordo Seclorum*; la internacionalización de la policía y de la justicia, con un Tribunal internacional por encima del marco jurídico de los Estados, y además con el aplauso general; la imposibilidad, pronto, de asilo extrajurisdiccional para cualquiera que

---

120. Federico Mihura, *ut supra.*

desafíe las directivas del poder Mundial. Todo ello se reduce a una palabra: Nuevo Orden Mundial. Y está la proximidad que se palpa en el aire del Anticristo, según lo dicho: *«que nadie os engañe de ningún modo, porque primero debe venir la apostasía y revelarse el hombre sin Toráh* [el «anomos»], *el hijo de la destrucción, el adversario exaltado contra todo lo que es en nombre de Elohim y donde Elohim es venerado, de manera a sentarse él mismo en el santuario de Elohim, y demostrar que él mismo es Elohim»*[121]. Y más tarde dice que el misterio de iniquidad ya está en obra.

Todo ello bajo la mansedumbre y el manto de la democracia, que, en inversión del orden normal, se construye sobre la dictadura de la opinión pública. Ésta, no siendo opinión ni voluntad de nadie en particular, es (teóricamente) la opinión y la voluntad de «todos»… esto es, de los que entre sombras la crean en su cocina. Opinión pública: los jóvenes no deben ser *oprimidos* por los padres; el derecho al aborto y por puro egoísmo y hedonismo; la homosexualidad canonizada, privilegiada, y ya matrimoniable; la basura televisiva, el cinismo de la política, el miedo a levantar la voz contra los dictados de la opinión pública, la violación de las conciencias, la ignorancia creciente que se deduce. Esto y más es el Nuevo Orden Mundial.

No se trata de la tiranía de Adolf Hitler. Es algo infinitamente más sibilino y peligroso. Es el Impostor. Hablando simbólicamente, un hadith dice: *«El Profeta ha dicho: Os señalo el peligro de la venida del Mesías impostor. No hay profeta que no lo*

---

121. Véase II Tesalonicenses, 2, 2-3. Según la traducción al francés de André Chouraqui.

*haya señalado a su propio pueblo. Incluso Noé, seguramente, ya lo hizo con el suyo. Pero yo diré de él algo que ningún profeta reveló a su pueblo: sabed que él es ciego de un ojo, y que Alláh no lo es».* Los comentaristas ven la clara figura de los tiempos modernos, parcialmente ciegos, ya que ciegos a lo espiritual. Es lo que hay.

*Vendrá como un ladrón.* Pero vendrá. Están comprometidos el Espíritu Santo y la palabra de honor dada por Dios a Abrahán *in aeternum.* Y todos los Profetas grandes o pequeños están también saturados de la misteriosa promesa de retorno —que el Nuevo Testamento nunca abolió— referida a lo que se ha convenido en llamar los últimos tiempos.[122]

Paul le Cour relaciona los signos presagio de los mismos en su trabajo *«L'Ère du Verseau»*,[123] cuya primera edición —es interesante decirlo— es de 1939. Primero de todo se refiere a los 3 signos principales que consideraba Joseph de Maistre: la difusión del Evangelio por toda la tierra; el retorno de los judíos a Palestina *y su conversión*; y la apostasía de las naciones. Salvo la conversión de los judíos, todo está cumplido.

A continuación le Cour relaciona los siguientes signos precursores, de los que algunos parecen, de entrada, más que dudosos. Cada uno viene desarrollado en un subcapítulo:

---

122. *«J'ajoute que sans même parler de l'immense oracle enregistré par l'Esprit Saint dans la Génèse (9,27) et de la Parole d'honneur de Dieu donnée à Abraham in aeternum, les Prophètes grands ou petits sont littéralement saturés de la mystérieuse Promesse de retour que le* Nouveau Testament *n'a pas abrogé et qui regarde ce qu'on est convenu d'appeler les derniers temps».* Leon Bloy, Journal (le 11.VII.1892, de la Lettre à André Roullet). En otro sitio (Le Salut par les juifs) dice esa frase terrible: Sólo temo a los cosacos y al Espíritu Santo...

123. cfr. *«L'Ère du Versau»*, Dervy Livres 1971.

- Le Reforma del s. XVI
- La Revolución francesa
- La Sociedad de las Naciones y la ONU
- El Tribunal Internacional de la Haya
- Las leyes sociales y el marxismo
- Las fuerzas hidroeléctricas
- El feminismo
- La resurrección de la Atlántida y de la Tradición
- El despliegue del ocultismo [añadiría el del New Age]
- Los acontecimientos del mes de Acuario
- La devoción al Sagrado Corazón y a Cristo Rey
- La supresión de los crucifijos
- La bandera roja
- La era de la abundancia
- La aviación
- La radio y la televisión
- El sudario de Turín
- La revelación del nombre de Aor–Agni
- Las trompetas del Apocalipsis
- La destrucción por el fuego
- La bomba atómica
- Las guerras del siglo XX
- La venida de falsos cristos y de falsos profetas
- La aspiración hacia un gobierno mundial
- La formación de una nueva caballería

Hay más de una intuición. Pero si queremos confortarnos con alguna seguridad, mejor acudir a los textos tradicionales. Los Evangelios son bastante prolijos sobre este tema. Mateo 24, 1 ss. se inicia del siguiente modo:

Ieshuá sale del santuario y va. Sus adeptos se acercan para mostrarle los edificios del santuario. Ieshuá responde y dice: «¿veis vosotros todo eso, no es verdad? Amén os digo: aquí, no será dejada piedra sobre piedra que no sea destruida». Él se sienta sobre el monte de los Olivos. Los adeptos se acercan a él, aparte, y le dicen: «Dinos, ¿cuándo eso? ¿Cuál es el signo de tu advenimiento y el fin de la era?»

Ieshuá responde y les dice: «¡cuidad de que nadie os pierda! Sí, muchos vendrán en mi nombre y dirán: «Yo, el Mesías», y perderán a muchos. Vais a oír hablar de guerras y de rumores de guerras: ved de no conturbaros; es preciso que ello suceda. Pero todavía no será el fin. ¡Sí!, se despertará nación contra nación, reino contra reino, con hambrunas y seísmos varios. Todo ello: comienzo de los dolores.

Entonces os entregarán a la tribulación, os matarán, todos los góyim os odiarán, por causa de mi nombre. Muchos tropezarán, se entregarán los unos a los otros, se odiarán los unos a los otros. Muchos inspirados falsos se levantarán; perderán a muchos. Por causa del colmo de la no-Toráh, se enfriará el amor de muchos. Pero quien se mantenga hasta el fin será salvo. El anuncio del reino será proclamado en todo el universo, en testimonio, para todos los góyim. Y entonces: sobrevendrá el fin ...

Y sigue...

## ECCE CRUCEM DOMINI,
## FUGITE PARTES ADVERSÆ

# Índice